SSC_A_1403_01. Caracterización de la situación de la mujer en materia de empleo

Francisco Javier Ojeda Baena

ic editorial

SSC_A_1403_01. Caracterización de la situación de la mujer en materia de empleo
© Francisco Javier Ojeda Baena

1ª Edición

© IC Editorial, 2026

Editado por: IC Editorial
c/ Cueva de Viera, 2, Local 3
Centro Negocios CADI
29200 Antequera (Málaga)
Teléfono: 952 70 60 04
Fax: 952 84 55 03
Correo electrónico: iceditorial@iceditorial.com
Internet: www.iceditorial.com

ISBN: 979-13-7027-159-6
Depósito Legal: MA 366-2026

Impresión: PODiPrint
Impreso en Andalucía – España

Nota de la editorial: IC Editorial pertenece a Innovación y Cualificación S. L.

Presentación del manual

El **Certificado Profesional,** anteriormente llamado Certificado de Profesionalidad, constituye el Grado C en el Sistema de Formación Profesional, asociado a un perfil profesional. Acredita la capacitación para el desarrollo de una actividad profesional concreta a través de las competencias adquiridas. Tiene carácter parcial y acumulable cuando existan Ciclos Formativos (Grado D) en los que sus módulos profesionales se encuentren contenidos en su totalidad o en parte.

El elemento mínimo acreditable es el **Estándar de Competencia.** La suma de las acreditaciones de los Estándares de Competencia conforma la acreditación del **Módulo Profesional** (Grado B).

Un Estándar de Competencia se define como una agrupación de tareas productivas que realiza el profesional. Los diferentes Estándares de Competencia de un Certificado Profesional conforman la **Competencia General.** Definiendo el conjunto de conocimientos y capacidades que permiten el ejercicio de una actividad profesional determinada.

Cada Estándar o Estándares de Competencia lleva asociado un Módulo Profesional, donde se describe la formación necesaria para adquirir ese Estándar de Competencia, pudiendo dividirse en **Bloques Formativos** (Grado A).

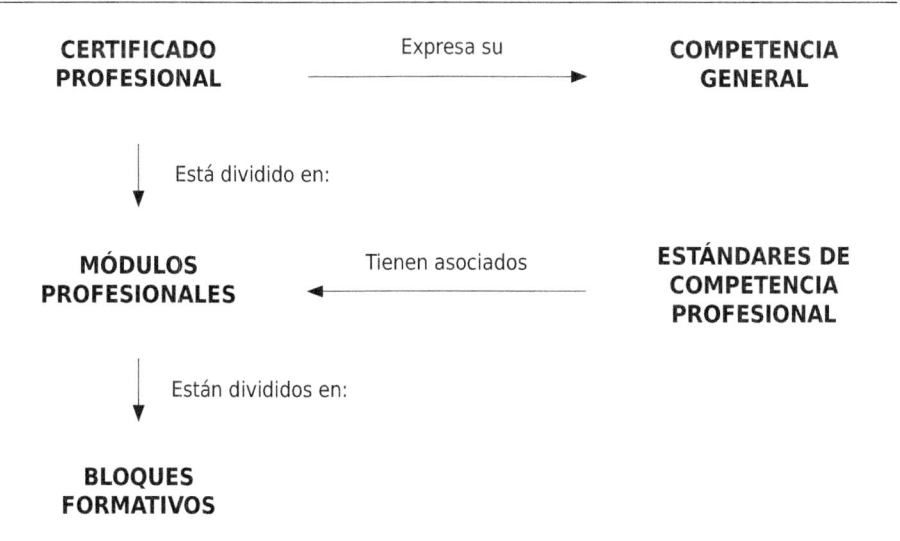

El presente manual desarrolla el Bloque Formativo **SSC_A_1403_01. Caracterización de la situación de la mujer en materia de empleo,**

Perteneciente al Módulo Profesional **SSC_B_1403. Promoción del empleo femenino,**

Asociado al Estándar/Estándares de Competencia:

⇨ **UC1582_3:** Detectar e informar a organizaciones, empresas, mujeres y agentes del entorno de intervención sobre relaciones laborales y la creación, acceso y permanencia del empleo en condiciones de igualdad efectiva de mujeres y hombres.

del Certificado Profesional **SSC_C_009_5B. Intervención para la promoción de la igualdad de género en el ámbito comunitario y organizacional y la participación social de las mujeres**

SSC_A_1403_01
CARACTERIZACIÓN DE LA SITUACIÓN DE LA MUJER EN MATERIA DE EMPLEO

Tiene asociado el

ESTÁNDARES DE COMPETENCIA
UC1582_3

Compuesto de los siguientes
BLOQUES FORMATIVOS

SSC_A_1403_01. Caracterización de la situación de la mujer en materia de empleo

Contenidos desarrollados en este manual

SSC_A_1403_02. Organización de actividades de promoción de igualdad efectiva en materia de empleo

TÍTULOS

SSC_A_1403_03. Organización de actividades de asesoramiento y prospección de empresas

SSC_A_1403_04. Desarrollo de procesos de orientación e información a las mujeres en materia de empleo

SSC_A_1403_05. Realización de actividades de seguimiento del proceso de promoción del empleo

FICHA DE CERTIFICADO PROFESIONAL

SSC_C_009_5B. INTERVENCIÓN PARA LA PROMOCIÓN DE LA IGUALDAD DE GÉNERO EN EL ÁMBITO COMUNITARIO Y ORGANIZACIONAL Y LA PARTICIPACIÓN SOCIAL DE LAS MUJERES

(Real Decreto 208/2025, de 18 de marzo)

COMPETENCIA GENERAL: Programar, desarrollar y evaluar intervenciones relacionadas con la promoción de la igualdad de género y la participación social de las mujeres, aplicando estrategias y técnicas del ámbito de la intervención social y detectando situaciones de riesgo de discriminación por razón de sexo.

Estándares de Competencias Profesionales		Ocupaciones o puestos de trabajo relacionados
UC1020_3	Establecer y mantener relación con los principales agentes comunitarios: población, técnicos y administraciones, dinamizando la relación recíproca entre ellos.	
UC1021_3	Promover la participación ciudadana en los proyectos y recursos comunitarios.	
UC1023_3	Intervenir, apoyar y acompañar en la creación y desarrollo del tejido asociativo.	• Promotores/as de igualdad de trato y de oportunidades entre mujeres y hombres.
UC1025_3	Aplicar procesos y técnicas de mediación en la gestión de conflictos entre agentes comunitarios.	
UC1453_3	Promover y mantener canales de comunicación en el entorno de intervención, incorporando la perspectiva de género.	• Promotores/as para la igualdad efectiva de mujeres y hombres.
UC1582_3	Detectar e informar a organizaciones, empresas, mujeres y agentes del entorno de intervención sobre relaciones laborales y la creación, acceso y permanencia del empleo en condiciones de igualdad efectiva de mujeres y hombres.	• Técnicos/as de apoyo en materia de igualdad efectiva de mujeres y hombres.
UC1583_3	Participar en la detección, análisis, implementación y evaluación de proyectos para la igualdad efectiva de mujeres y hombres.	
UC1454_3	Favorecer la participación de las mujeres y la creación de redes estables que, desde la perspectiva de género, impulsen el cambio de actitudes en la sociedad y el «empoderamiento» de las mujeres.	

Correspondencia con el Catálogo Modular de Formación Profesional		
Módulos profesionales	**Bloques formativos**	**Horas**
SSC_B_1128. Desarrollo comunitario (100 h)	SSC_A_1128_01. Diseño de proyectos comunitarios	15
	SSC_A_1128_02. Realización de actividades para promover la participación ciudadana en procesos comunitarios	20
	SSC_A_1128_03. Aplicación de recursos y estrategias para promover la comunicación y el intercambio de información entre los agentes comunitarios	15
	SSC_A_1128_04. Apoyo y soporte técnico al tejido asociativo	15
	SSC_A_1128_05. Desarrollo de procesos de mediación comunitaria	20
	SSC_A_1128_06. Realización de actividades de evaluación de los proyectos comunitarios	15

>>>

Correspondencia con el Catálogo Modular de Formación Profesional		
Módulos profesionales	**Bloques formativos**	**Horas**
SSC_B_1401. Información y comunicación con perspectiva de género (250 h)	SSC_A_1401_01. Análisis de los procesos de comunicación desde la perspectiva de género	50
	SSC_A_1401_02. Detección de situaciones de discriminación por razón de género en los procesos de comunicación e información	55
	SSC_A_1401_03. Diseño de actuaciones de comunicación e información desde la perspectiva de género	55
	SSC_A_1401_04. Implementación de actuaciones de comunicación e información no sexistas	45
	SSC_A_1401_05. Evaluación de actuaciones de comunicación e información desde la perspectiva de género	45
SSC_B_1403. Promoción del empleo femenino (250 h)	**SSC_A_1403_01. Caracterización de la situación de la mujer en materia de empleo**	**45**
	SSC_A_1403_02. Organización de actividades de promoción de igualdad efectiva en materia de empleo	50
	SSC_A_1403_03. Organización de actividades de asesoramiento y prospección de empresas	55
	SSC_A_1403_04. Desarrollo de procesos de orientación e información a las mujeres en materia de empleo	55
	SSC_A_1403_05. Realización de actividades de seguimiento del proceso de promoción del empleo	45
SSC_B_1404. Ámbitos de intervención para la promoción de igualdad (190 h)	SSC_A_1404_01. Caracterización del entorno de intervención desde la perspectiva de género	30
	SSC_A_1404_02. Diseño de estrategias para la igualdad efectiva entre hombres y mujeres	25
	SSC_A_1404_03. Organización de acciones para informar y sensibilizar sobre el trabajo no remunerado de las mujeres en el ámbito doméstico	30
	SSC_A_1404_04. Aplicación de estrategias para informar y sensibilizar sobre las medidas de conciliación en los diferentes ámbitos y contextos de intervención	25
	SSC_A_1404_05. Realización de actividades de control y seguimiento de la intervención en materia de igualdad efectiva	30
SSC_B_1405. Participación social de las mujeres (100 h)	SSC_A_1405_01. Caracterización de la participación social de las personas	15
	SSC_A_1405_02. Diseño de estrategias para promover la participación social de las mujeres en el ámbito público	15
	SSC_A_1405_03. Diseño de estrategias para promover el empoderamiento de las mujeres	15
	SSC_A_1405_04. Desarrollo de estrategias de intervención en procesos grupales	15
	SSC_A_1405_05. Desarrollo de procesos de acompañamiento y asesoramiento a mujeres	20
	SSC_A_1405_06. Realización de actividades de evaluación de los proyectos comunitarios	20
1782. Prevención de riesgos laborales		30

Índice

OBJETIVOS GENERALES

Los objetivos generales del **SSC_A_1403_01. Caracterización de la situación de la mujer en materia de empleo,** son:

- Establecer las diferencias entre empleo y trabajo desde una perspectiva de género.
- Interpretar el marco legal referido a la mujer y el empleo.
- Definir las necesidades y demandas de las mujeres en materia de empleo.
- Realizar un diagnóstico de las necesidades y demandas de las mujeres en materia de empleo.
- Analizar los tipos de discriminación en materia de empleo con los ámbitos en los que se desarrollan.
- Analizar la intervención de la acción sindical en materia de igualdad de oportunidades.
- Valorar la contribución de las mujeres al desarrollo del mundo laboral.

Trabajo y empleo desde una perspectiva de género. Normativa relacionada

Contenido

Objetivos

Los objetivos específicos de esta Unidad de Aprendizaje son:

→ Establecer las diferencias entre los conceptos "empleo" y "trabajo" desde una perspectiva de género.

→ Analizar las particularidades y las diferencias entre trabajo productivo y trabajo reproductivo.

→ Definir las tipologías de empleo.

→ Reflexionar sobre las particularidades del empleo teniendo en cuenta la perspectiva de género.

→ Identificar la normativa principal relacionada con el empleo y la inclusión sociolaboral de las mujeres.

1. Introducción

Los conceptos "trabajo" y "empleo", en el contexto económico y de las relaciones laborales, se utilizan, normalmente, de forma indiferente o sinónima. No obstante, ambos conceptos tienen ciertas diferencias o particularidades.

El trabajo consiste fundamentalmente en que la persona realiza una actividad con un fin concreto y claro: producir bienes y/o servicios para así satisfacer sus necesidades, recibiendo una remuneración por él, el salario, y para satisfacer las necesidades de la empresa y la sociedad, en general.

El empleo hace referencia a un trabajo, con un salario o remuneración, y con un acuerdo entre el agente empleador y la persona que realiza el trabajo, a través de la firma de un contrato de trabajo.

El empleo siempre será remunerado, mientras que el trabajo no tiene por qué serlo (un ejemplo sería el trabajo reproductivo).

El trabajo, desde el punto de vista del género, se puede clasificar en trabajo productivo y trabajo reproductivo. Según esta perspectiva, a los hombres se les asigna el espacio público, es decir, el trabajo productivo, y a las mujeres el espacio privado, el trabajo reproductivo. Esta asignación es una construcción integrada totalmente en la sociedad, según los roles y estereotipos de género.

El mercado de trabajo español se caracteriza por presentar una alta tasa de desempleo, más en el caso de las mujeres, una elevada tasa de parcialidad y temporalidad, también con nombre de mujer, una predominancia del sector servicios y la concentración de oportunidades laborales en algunas regiones de España.

La normativa que regula el empleo y la inclusión sociolaboral de las mujeres en España tiene su origen en la normativa internacional y europea, destacando: la Declaración Universal de los Derechos Humanos, la Agenda 2030 para el Desarrollo Sostenible, la Estrategia de Lisboa y la Estrategia Europa 2020.

En el marco normativo español, destacan fundamentalmente tres leyes: la Ley 3/2023, de 28 de febrero, de Empleo; la Ley Orgánica 3/2007, de 22 de marzo, para la Igualdad Efectiva de Mujeres y Hombres; y la Ley Orgánica 1/2004, de 28 de diciembre, de Medidas de Protección Integral contra la Violencia de Género.

La Ley de Empleo, entre otras cuestiones, regula los colectivos de atención prioritaria para los proyectos de empleo, como, por ejemplo, las mujeres con baja cualificación o las mujeres víctimas de violencia de género y sus descendientes.

La Ley de Igualdad, por otro lado, regula las políticas de igualdad de oportunidades y de trato entre hombres y mujeres en el ámbito del empleo, haciendo un especial hincapié en los programas de mejora de la empleabilidad y en el diseño, planificación e implementación de los planes de igualdad.

La Ley de Medidas de Protección Integral contra la Violencia de Género, entre otros elementos, regula medidas de adaptación, en el ámbito del empleo, para las mujeres víctimas de violencia de género.

Durante el desarrollo de todo el contenido, nos basaremos en el caso de Alba, una graduada en Relaciones Laborales y Recursos Humanos que, tras la demanda recibida por una federación de asociaciones y organizaciones que trabajan por la inserción sociolaboral de la mujer, decide preparar un manual sobre el trabajo y el empleo, desde una perspectiva de género, analizando la normativa principal sobre empleo e inclusión sociolaboral de las mujeres.

2. Definición de trabajo: trabajo productivo y trabajo reproductivo

👉 HILO CONDUCTOR

En primer lugar, Alba hace un análisis del concepto del trabajo, con base en diferentes criterios: según la herramienta utilizada, según la cualificación requerida, según la legalidad, según para quién se trabaja, según el lugar dónde se realiza y desde una perspectiva de género. Desde una perspectiva de género, el trabajo será productivo o reproductivo.

- -

A rasgos generales, podemos decir que el trabajo consiste fundamentalmente en que la persona realiza una actividad con un fin concreto y claro: producir bienes y/o servicios, para así satisfacer sus necesidades (recibirá una remuneración por este, el salario) y para satisfacer las necesidades de la empresa y la sociedad, en general.

Para alcanzar el objetivo del trabajo, es necesario invertir un esfuerzo, que puede ser físico, intelectual o ambos.

El trabajo está estrechamente relacionado con dos conceptos: el nivel de vida y la calidad de vida. Forma parte de nuestra forma de organización social, por ello, las personas que no tienen trabajo, es decir, las personas desempleadas, ven disminuido o empeorado su nivel y calidad de vida. Por tanto, el trabajo dignifica, otorga derechos y es un importante mecanismo de inclusión social.

 **DEFINICIÓN**

Trabajo
Acción y efecto de trabajar. Ocupación retribuida. Cosa que es resultado de la actividad humana. Esfuerzo humano aplicado a la producción de riqueza, en contraposición a capital.

Trabajar
Ocuparse en cualquier actividad física o intelectual. Tener una ocupación remunerada en una empresa, una institución, etc. Ejercer determinada profesión u oficio. Aplicarse o dedicarse con esfuerzo a la realización de algo.

El trabajo se puede clasificar con base en diferentes criterios:

⮑ **Según la herramienta utilizada**

- ◗ **Trabajo intelectual:** aquel que se desarrolla fundamentalmente con habilidades de tipo mental e intelectual. Para el ejercicio de este tipo de trabajo, es necesario contar con una formación previa y cualificación específica.
- ◗ **Trabajo manual:** aquel en el que es necesaria utilización "de las manos". Es un trabajo más físico.
- ◗ **Trabajo artesanal:** aquel trabajo manual que también necesita mayor originalidad y creatividad.

⊃ **Según la cualificación requerida**

- ◊ **Trabajo poco cualificado:** para este tipo de trabajo, la persona que lo va a desarrollar no necesita tener una formación específica en la materia. Normalmente nos referimos a trabajos más mecánicos, en los que el nivel de formación necesaria es menor.
- ◊ **Trabajo semicualificado:** para este tipo de trabajo sí es necesario tener unos conocimientos mínimos sobre el trabajo que se va a desarrollar, aunque la formación no suele ser tan específica ni densa.
- ◊ **Trabajo cualificado:** en estos casos, sí que es necesaria una formación académica concreta para llevar a cabo el trabajo en cuestión.
- ◊ **Trabajo altamente cualificado:** es aquel trabajo en el que el nivel de exigencia es mayor que en el trabajo cualificado, debido a que se tiene en cuenta una formación superior o más específica aún para desarrollar las funciones en el trabajo (formación profesionalizante, másteres universitarios o conocimientos avanzados de algún programa o habilidades concreta).

⊃ **Según la legalidad**

- ◊ Trabajo **registrado:** es aquel en el que la empresa cumple la normativa vigente y da de alta en la Seguridad Social a las personas trabajadoras.
- ◊ **Trabajo no registrado:** es el que comúnmente conocemos como trabajo "en negro o en B", sin contrato ni alta en la Seguridad Social. Se trata de un trabajo que no cumple la normativa, por tanto, no es legal.

⊃ **Según para quién se trabaja**

- ◊ **Trabajo por cuenta ajena:** este tipo de trabajo es el más común en España. Consiste en trabajar en una empresa o varias, recibiendo una nómina a final de mes y existiendo un contrato laboral de por medio.
- ◊ **Trabajo por cuenta propia:** este trabajo también se conoce como "trabajo autónomo". Las personas autónomas están dadas de alta en un régimen diferente al habitual de las personas que trabajan para una empresa o varias.
  Deben pagar una cuota mensual para así cotizar, además de los impuestos comunes que debe pagar cualquier persona. Son personas empleadas y jefas al mismo tiempo. Suelen tener mayor flexibilidad en el empleo, tanto en horario como salarial, pero también más riesgos y menos derechos sociales y laborales.

⊃ **Según el lugar donde se realiza**

◔ **Trabajo presencial:** es el trabajo que se realiza en un centro de trabajo concreto. Es un trabajo de tipo presencialista.

◔ **Trabajo telemático o teletrabajo:** es aquel trabajo que se lleva a cabo de forma *online* o telemática, por tanto, se puede realizar desde cualquier lugar. Se trata de una opción cada vez más recurrente, principalmente en auge tras la crisis del COVID-19.

◔ **Trabajo híbrido:** es aquel tipo de empleo que combina el trabajo presencial en oficina con el teletrabajo desde casa.

◎ **EJEMPLO**

- Trabajo poco cualificado: personal de limpieza en jardines u otros espacios públicos.
- Trabajo semicualificado: personal de supermercado.
- Trabajo cualificado: maestros y maestras.
- Trabajo altamente cualificado: personal con ingeniería de sistemas y especializado en procesos de inteligencia artificial y ciberseguridad.

Además de la clasificación del trabajo según estos cinco criterios, siguiendo una clasificación del trabajo desde una perspectiva de género, nos encontramos fundamentalmente ante dos tipologías de trabajo:

⊃ **Trabajo productivo:** es aquel trabajo asalariado en el que la persona que lo lleva a cabo recibe una remuneración y la empresa a cambio tiene una producción hecha por la persona trabajadora. El trabajo productivo se enmarca en el contexto económico del capitalismo y el libre mercado. Hace referencia a aquellas actividades que llevan a cabo las mujeres y los hombres en el contexto público, fuera del hogar, con el objetivo de producir bienes y servicios, que, por tanto, generan ingresos y reconocimiento social.

⊃ **Trabajo reproductivo:** es aquel que hace referencia a aquellas actividades de reproducción social que aseguran el bienestar de la familia y de la sociedad en general, y también la supervivencia de esta (maternidad, crianza, cuidado, atención a personas en situación de dependencia, etc.). Según esta perspectiva, a los hombres se les asigna el espacio público, es decir, el trabajo productivo, y a las mujeres el espacio privado, el trabajo reproductivo. Esta asignación es una construcción integrada totalmente en la sociedad, según los roles y estereotipos de género. El espacio femenino ha sido establecido en el interior del hogar, en el espacio doméstico.

A la mujer se le han impuesto, de forma perpetua, los trabajos de crianza y de cuidado (parejas, hijos, hijas u otros familiares). Los horarios de las mujeres se han vuelto circulares, las actividades nunca se terminan, el tiempo en el mercado laboral, fuera del hogar, está seguido del tiempo que tienen que dedicar al trabajo reproductivo en la conocida como "doble agenda o doble jornada".

El espacio público está ocupado por los hombres y debe estar lleno de sabiduría, poder, eficacia y prestigio. Este espacio es tangible y visible y, además, en él, el trabajo siempre es remunerado y reconocido. Este espacio es tangible y visible; además, el trabajo siempre es remunerado reconocido. Se trata de un espacio con poder económico, científico, religioso, político, jurídico, etcétera.

En cambio, el espacio privado está asignado a las mujeres y está asociado al ámbito de lo doméstico, lo privado y lo familiar. Este es el espacio del cuidado, del afecto, de la atención a otras personas, de la reproducción y, por tanto, del trabajo no remunerado, invisible y sin prestigio social o cultural.

Por tanto, el trabajo reproductivo está vinculado con la "doble jornada" que siguen viviendo y sufriendo las mujeres.

La incorporación femenina al mercado de trabajo ha provocado que, en muchas ocasiones, la mujer, además de trabajar fuera del hogar, a media o jornada completa, deba dedicar también más tiempo que los hombres a las tareas domésticas, de cuidado, crianza o atención a hijos, hijas o personas dependientes. Por todo ello, se habla de "doble jornada o doble agenda.

 SABÍAS QUE...

Según ONU Mujeres, el valor monetario del trabajo de cuidados no remunerado que hacen las mujeres en todo el mundo asciende, como mínimo, a 10,8 billones de dólares anuales, el equivalente a tres veces el total de la industria tecnológica mundial.

Por otro lado, según datos del INE, con respecto al número de horas que dedican hombres y mujeres a tareas domésticas, se arrojan los siguientes datos:

- ➲ Hombres: 15,06 horas.
- ➲ Mujeres: 27,87 horas.
- ➲ Hombres ocupados laboralmente: 13,75 horas.

- Mujeres ocupadas laboralmente: 22,35 horas.
- Hombres desempleados: 18,69 horas.
- Mujeres desempleadas: 30,34 horas.
- Hombres pensionistas: 18,40 horas.
- Mujeres pensionistas: 27,98 horas.

Los datos hablan por sí solos: con cualquier variable, las mujeres dedican casi el doble de horas que los hombres a estas tareas, a pesar de todos los avances sociales y laborales de las últimas décadas.

A pesar de los avances socioeconómicos, las mujeres son las que siguen soportando la sobrecarga de los cuidados, siendo las protagonistas del espacio privado, la doble jornada y el trabajo reproductivo.

 ## ACTIVIDAD 1

Antonia tiene dos hijas gemelas de tres años y, desde hace un año, trabaja a jornada completa como auxiliar de enfermería en una residencia dirigida a personas adultas mayores. El marido de Antonia es un directivo de una empresa de la distribución y pasa una parte de la semana fuera del domicilio familiar. Antonia tiene que hacer malabares para compaginar trabajo, cuidado de hijas, labores domésticas, colegio, actividades extraescolares y ludoteca. Su nivel de estrés y angustia es muy elevado, manifestándose claramente en su salud física y mental. ¿A qué se está enfrentando Antonia?

Continúa en página siguiente >>

<< Viene de página anterior

a. A la "doble jornada o agenda" que suelen tener las mujeres trabajadoras, dentro y fuera del hogar familiar.
b. A un proceso de segregación vertical.
c. A la mayor presencia de las mujeres en el espacio reproductivo, frente a los hombres en el espacio productivo.
d. A la mayor presencia de las mujeres en el espacio privado, frente a los hombres en el espacio público.

3. Definición de empleo: tipologías de empleo

 HILO CONDUCTOR

Posteriormente, Alba realizará un análisis del concepto de empleo y su relación con el concepto de trabajo. Analizará las tipologías de empleo desde diferentes perspectivas: según la formalidad, según el sector económico, según la jornada laboral y según la relación contractual. Además, llevará a cabo un análisis de la realidad del mercado de trabajo español desde una perspectiva de género.

Los conceptos "trabajo" y "empleo", en el contexto económico y de las relaciones laborales, se utilizan, normalmente, de forma indiferente o sinónima. No obstante, ambos conceptos tienen ciertas diferencias o particularidades.

El concepto "empleo" hace referencia a un trabajo, con un salario o remuneración, y con un acuerdo entre el agente empleador y la persona que realiza el trabajo, a través de la firma de un contrato.

El empleo siempre será remunerado, mientras que el trabajo no tiene por qué serlo (un ejemplo sería el trabajo reproductivo).

3.1. Elementos del empleo

Los elementos principales de un empleo son:

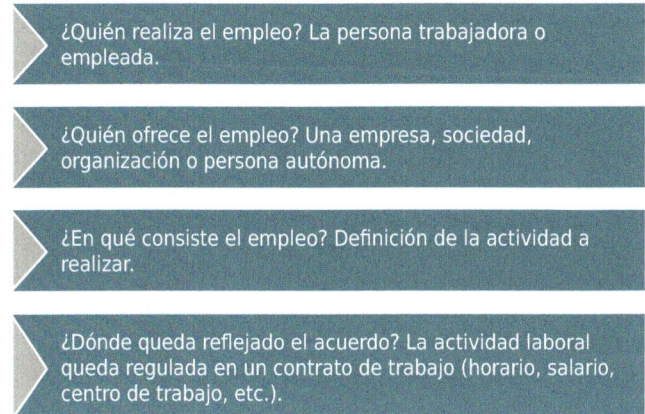

¿Quién realiza el empleo? La persona trabajadora o empleada.

¿Quién ofrece el empleo? Una empresa, sociedad, organización o persona autónoma.

¿En qué consiste el empleo? Definición de la actividad a realizar.

¿Dónde queda reflejado el acuerdo? La actividad laboral queda regulada en un contrato de trabajo (horario, salario, centro de trabajo, etc.).

En contraposición al empleo, nos encontramos con el desempleo o la ausencia de trabajo. El desempleo afecta a personas en edad de trabajar que se encuentran en situación de paro no deseado, ajenas a actividades productivas y, en consecuencia, incapaces de generar ingresos, con o sin protección social.

El contrato de trabajo debe cumplir todo lo marcado en el convenio colectivo de aplicación, según el sector de la empresa u organización, o, en el caso de no existir un convenio concreto, se regirá por las normas marcadas en el Estatuto de los Trabajadores.

 **EJEMPLO**

El convenio colectivo de aplicación debe respetar, en formato de mínimos, lo marcado en el Estatuto de los Trabajadores, aunque siempre introducirá mejoras en algunos aspectos, en mayor o menor medida.

Por ejemplo, la jornada máxima ordinaria semanal será de 40 horas, según el Estatuto, pero el convenio colectivo, en muchos casos, rebajará ese número de horas semanales a 39, 38 o 37.

3.2. Conceptos claves sobre empleo

Algunos conceptos claves en torno al empleo que, más adelante, nos ayudarán a comprender las necesidades y demandas de las mujeres son:

- **Mercado de trabajo:** es el "espacio o el lugar" donde confluyen, al mismo tiempo, la oferta y la demanda de empleo de un país, región o zona determinada. Es un espacio de encuentro entre las personas que ofrecen empleo y las personas que se encuentran buscándolo.
- **Demanda de empleo:** hace referencia a aquellas organizaciones o empresas públicas, privadas o personas autónomas que necesitan personas trabajadoras para poder desarrollar sus actividades productivas, con el fin de ofrecer bienes y/o servicios.
- **Oferta de empleo:** hace referencia a todas las personas, demandantes de empleo, que se encuentran en búsqueda de una oportunidad laboral. En España, se puede trabajar legalmente a partir de los 16 años y hasta la edad legal de jubilación (normalmente, en torno a los 65-67 años).
- **Tasa de desempleo:** hace referencia al porcentaje de personas, de un país o zona determinada, que están en edad, condiciones e intención de trabajar, pero no encuentran un empleo. La tasa de desempleo se calcula dividiendo la población desempleada entre la población activa de un país multiplicándola por 100. Si la demanda de empleo es alta y la oferta de empleo es más baja, la tasa de desempleo será más baja y los salarios, normalmente, serán más altos. En cambio, si la demanda de empleo es baja y la oferta de empleo es mayor, habrá mayor tasa de desempleo y, en general, los salarios serán más bajos y precarios.
- **Población activa:** hace referencia, siguiendo la normativa de España, a todas las personas mayores de 16 años que se encuentren trabajando o en disposición y condiciones para poder trabajar. La población activa está configurada por:

  - **La población ocupada,** que es aquella que se encuentra trabajando.
  - **La población desempleada,** que es aquella que desea trabajar y se encuentra buscando un empleo.

- **Población inactiva:** hace referencia a todas las personas mayores de 16 años que no se encuentran clasificadas como ocupadas ni como desempleadas. ¿Quiénes forman parte de la población inactiva?

  - Estudiantes
  - Personas jubiladas
  - Personas con alguna incapacidad para trabajar
  - Personas que se ocupan de su hogar

⊃ **Tasa de actividad:** la tasa de actividad calcula el porcentaje de población activa. Se define calculando el porcentaje de personas activas respecto a la población total mayor de 16 años.

⊃ **Tasa de empleo:** también denominada "tasa de ocupación". Se define calculando el porcentaje de personas ocupadas con respecto a la población activa total.

⊃ **Empleabilidad:** está relacionada con la mayor o menor probabilidad que tiene una persona de encontrar un empleo, adaptado al objetivo y al perfil profesional de la persona que lo busca. Por otro lado, también está vinculada con la capacidad de mantener el puesto de trabajo y tener éxito. El éxito se entiende como un equilibrio, a nivel general, entre las necesidades de la persona trabajadora y de la empresa.

3.3. Clasificación del empleo

El empleo, al igual que el trabajo, también se puede clasificar, de forma idéntica, según la herramienta utilizada, según la cualificación requerida, según para quién se trabaja y según el lugar donde se realiza.

Además de por estos criterios, es posible catalogarlo atendiendo a otros elementos o cuestiones:

⊃ **Según la formalidad**

  ⋃ **Empleo formal:** es aquel que incluye a las personas trabajadoras que tienen una relación laboral reconocida y que tienen garantizados sus derechos laborales (seguridad social, beneficios no salariales de liquidación o finiquito al término de relación de trabajo, vacaciones, etc.).

  ⋃ **Empleo informal:** es aquel que incluye a las personas trabajadoras que, aunque reciban un pago por su trabajo, no tienen una relación laboral reconocida y, por tanto, no pueden hacer cumplir sus derechos laborales.

⊃ **Según el sector económico**

  ⋃ **Sector primario:** incluye las actividades económicas relacionadas con la agricultura, la pesca y la ganadería.

  ⋃ **Sector secundario:** incluye las actividades económicas relacionadas con la construcción y la industria.

  ⋃ **Sector terciario:** incluye las actividades económicas relacionadas con el sector servicios (educación, sanidad, comercio, hostelería, limpieza, etc.).

⊃ **Según la jornada laboral**

- ○ **A jornada completa:** la máxima establecida por el convenio colectivo o el Estatuto de los Trabajadores (40 horas semanales).
- ○ **A jornada parcial:** un porcentaje de la jornada máxima. La mayoría de las jornadas parciales las ocupan las mujeres, presentando una alta tasa de temporalidad, parcialidad y, por tanto, precariedad laboral y económica.
- ○ **Otras:** trabajo a turnos, turnos de 24 horas, trabajo nocturno, etc.

⊃ **Según la relación contractual**

- ○ **Indefinido:** es el contrato generalizado tras la última reforma laboral. No tiene límite de tiempo.
- ○ **Temporal:** tiene un tiempo determinado y justificado. Los principales contratos temporales son:

  - ⇕ **Contrato eventual por circunstancias de la producción:** para dar respuesta a una necesidad, imprevisible o previsible, de la empresa u organización, durante un tiempo determinado.
  - ⇕ **Contrato de interinidad o sustitución:** para sustituir a personas trabajadoras ante diferentes situaciones personales (maternidad, lactancia, enfermedad común, excedencia, etc.).
  - ⇕ **Contrato de formación en alternancia:** tendrá por objeto compatibilizar la actividad laboral retribuida con los correspondientes procesos formativos en el ámbito de la formación profesional, los estudios universitarios o del Catálogo de especialidades formativas del Sistema Nacional de Empleo.
  - ⇕ **Contrato formativo para la obtención de la práctica profesional:** tendrá por objeto la obtención de la práctica profesional adecuada al nivel de estudios o de formación objeto del contrato, mediante la adquisición de las habilidades y capacidades necesarias para el desarrollo de la actividad laboral vinculante al título obtenido por la persona trabajadora con carácter previo.

PARA SABER MÁS

En el siguiente enlace, puedes encontrar una guía actualizada de las diferentes tipologías de contratos, según el Servicio Público de Empleo Estatal.

Continúa en página siguiente >>

<< Viene de página anterior

https://redirectoronline.com/1403010101

En el mercado de trabajo español predomina el sector servicios, más aún cuando se trata de las mujeres.

3.4. Mercado de trabajo y empleo en España

Para finalizar este análisis sobre el empleo y sus tipologías, vamos a realizar una reflexión sobre la situación del mercado de trabajo y el empleo en España, además de su relación con la situación sociolaboral de las mujeres:

- **Tasa de desempleo:** España, a pesar de haber reducido el desempleo en los últimos años, presenta una de las tasas más altas de toda la Unión Europea, junto a países como Portugal y Grecia. Según datos del INE, la tasa de desempleo de las mujeres es más de 2 puntos superior a la de los hombres. El desempleo femenino se convierte en un factor estructural que muestra desigualdad de oportunidades.
- **Temporalidad y parcialidad:** el Real Decreto Ley 32/2021, de 28 de diciembre, de medidas urgentes para la reforma laboral, la garantía de la estabilidad en el empleo y la transformación del mercado de trabajo introdujo

medidas importantes y concretas, entre las que destacan la eliminación del contrato por obra y servicio y la generalización del contrato indefinido. A pesar de ello, en la mayoría de los casos, la temporalidad y la parcialidad tienen nombre de mujer. Son ellas las que solicitan más reducciones de jornada, aunque tengan contrato a jornada completa, y también son las que suelen buscar más contrataciones a jornada parcial para poder conciliar.

- **Envejecimiento de la población:** España es uno de los países del mundo con una mayor tasa de natalidad y, al mismo tiempo, con una mayor esperanza de vida, traduciéndose esto en una población cada vez más envejecida. Debido a esto, disminuye la población activa y son necesarias políticas relacionadas con la necesidad de mano de obra extranjera y con el aumento de la natalidad.

- **Predominancia del sector servicios:** en España, el sector económico que genera más puestos de trabajo, en general y en especial en el caso de las mujeres, es el sector servicios.El sector servicios, también conocido como sector terciario, incluye todas aquellas actividades económicas que no producen bienes materiales, sino servicios. Ejemplos: hostelería, comercio, limpieza, sanidad, educación, transporte, turismo o servicios financieros, entre otros.

- **Concentración de oportunidades laborales:** existen importantes diferencias regionales dentro de España, concentrándose las principales oportunidades laborales en Cataluña, Madrid, el País Vasco y Baleares. En contraposición, las mayores tasas de desempleo se encuentran en Extremadura, Andalucía, Ceuta, Melilla y Murcia.

- **Sucesión de crisis socioeconómicas:** el mercado de trabajo ha arrastrado, desde hace 17 años, importantes crisis socioeconómicas:

  - La crisis de las hipotecas de 2008.
  - La pandemia del COVID-19 del año 2020.
  - La escalada de la inflación y la guerra de Ucrania en 2022 y 2023.

  Toda esta situación ha provocado inestabilidad, precarización, temporalidad y la no actualización de los salarios al nivel de vida actual.

 SABÍAS QUE...

Según datos del INE, año tras año, con leves diferencias, el porcentaje de personas trabajadoras en el sector servicios es del 76,4 %.

TAREA 1

Rosa trabaja en un hipermercado, como dependienta de carnicería, y tiene un contrato a media jornada. La empresa le ha ofrecido aumentar su jornada hasta el máximo establecido por la normativa, pero Rosa prefiere mantener este tipo de contrato, para así compatibilizar su vida personal, laboral y familiar. Además, también valora aceptar la jornada completa, pero para luego reducirla, al menos, un 20 % del total. ¿Ante qué realidad del ámbito del empleo nos encontramos?

4. Normativa en materia de empleo y género: a nivel internacional, europeo y estatal

☞ HILO CONDUCTOR

Tras el análisis de los conceptos de empleo y trabajo, Alba realizará un análisis de la normativa relacionada con el empleo y la inclusión sociolaboral de las mujeres, desde el ámbito internacional, europeo y estatal. A nivel estatal, seleccionará fundamentalmente tres normas: la Ley 3/2023, de 28 de febrero, de Empleo; la Ley Orgánica 3/2007, de 22 de marzo, para la Igualdad Efectiva de Mujeres y Hombres; y la Ley Orgánica 1/2004, de 28 de diciembre, de Medidas de Protección Integral contra la Violencia de Género.

Vamos a analizar, de una forma ágil, las principales normas que, en España, regulan el empleo desde el punto de vista del género. Para ello, realizaremos un análisis desde la óptica internacional, europea, nacional y autonómica.

4.1. Normativa internacional

Las normas jurídicas promulgadas por España, con respecto al empleo y la inclusión sociolaboral de las mujeres, en gran parte, se basan en normas y directrices internacionales y europeas.

A nivel internacional, vamos a analizar dos normas claves:

1. La Declaración Universal de los Derechos Humanos
2. La Agenda 2030 para el Desarrollo Sostenible

La Declaración Universal de los Derechos Humanos

La Declaración Universal de los Derechos Humanos fue proclamada por la Asamblea General de las Naciones Unidas el 10 de diciembre de 1948, como un modelo a seguir por todos los países. Se creó como una herramienta para proteger y blindar los derechos básicos para todas las personas.

 SABÍAS QUE...

Las Naciones Unidas nacieron oficialmente el 24 de octubre de 1945. En la actualidad, 193 Estados son miembros de las Naciones Unidas. Una de sus principales áreas de intervención es la protección de los derechos humanos.

Los artículos de la Declaración relacionados, de forma directa o indirecta, con la mujer y el empleo son:

- **Artículo 22. Seguridad social:** "Toda persona, como miembro de la sociedad, tiene derecho a la seguridad social, y a obtener, mediante el esfuerzo nacional y la cooperación internacional, habida cuenta de la organización y los recursos de cada Estado, la satisfacción de los derechos económicos, sociales y culturales, indispensables a su dignidad y al libre desarrollo de su personalidad".
- **Artículo 25.1. Calidad de vida:** "Toda persona tiene derecho a un nivel de vida adecuado que le asegure, así como a su familia, la salud y el bienestar, y en especial la alimentación, el vestido, la vivienda, la asistencia médica y los servicios sociales necesarios".
- **Artículo 23. Empleo:** "Toda persona tiene derecho al trabajo, a la libre elección de su trabajo, a condiciones equitativas y satisfactorias de trabajo y a la protección contra el desempleo". "Toda persona tiene derecho, sin discriminación alguna, a igual salario por trabajo igual". "Toda persona que trabaja tiene derecho a una remuneración equitativa y satisfactoria, que le asegure, así como a su familia, una existencia conforme a la dignidad humana y que será completada, en caso necesario, por cualesquiera otros medios de protección social". "Toda persona tiene

derecho a fundar sindicatos y a sindicarse para la defensa de sus intereses".

⮑ **Artículo 24. Tiempo libre:** "Toda persona tiene derecho al descanso, al disfrute del tiempo libre, a una limitación razonable de la duración del trabajo y a vacaciones periódicas pagadas".

La Agenda 2030 para el Desarrollo Sostenible

La **Agenda 2030** para el Desarrollo Sostenible, aprobada en 2015, a través de medidas concretas, se ha convertido en un **instrumento de acción** a favor de las personas, el planeta y la prosperidad universal, fortaleciendo la paz y la justicia.

La Agenda 2030 plantea **17 objetivos con 169 metas** que abarcan las esferas económica, social y ambiental. El compromiso de los países es alcanzar, a nivel global, estos objetivos para el año 2030.

 **DEFINICIÓN**

Objetivos de Desarrollo Sostenible (ODS)
Según la Agenda 2030, constituyen un llamamiento universal a la acción para poner fin a la pobreza, proteger el planeta y mejorar las vidas y las perspectivas de las personas en todo el mundo.

Los ODS y metas concretas, relacionadas con el ámbito de la mujer y del empleo, de una forma más directa o indirecta, son:

⮑ **ODS 5. Lograr la igualdad entre los géneros y empoderar a todas las mujeres y las niñas**

   ✪ Meta 5.1. Poner fin a todas las formas de discriminación contra todas las mujeres y las niñas en todo el mundo.

   ✪ Meta 5.4. Reconocer y valorar los cuidados y el trabajo doméstico no remunerados mediante servicios públicos, infraestructuras y políticas de protección social, y promoviendo la responsabilidad compartida en el hogar y la familia, según proceda en cada país.

   ✪ Meta 5.5. Asegurar la participación plena y efectiva de las mujeres y la igualdad de oportunidades de liderazgo a todos los niveles decisorios en la vida política, económica y pública.

◑ Meta 5.a. Emprender reformas que otorguen a las mujeres igualdad de derechos a los recursos económicos, así como acceso a la propiedad y al control de la tierra y otros tipos de bienes, los servicios financieros, la herencia y los recursos naturales, de conformidad con las leyes nacionales.

◑ Meta 5.c. Aprobar y fortalecer políticas acertadas y leyes aplicables para promover la igualdad de género y el empoderamiento de todas las mujeres y las niñas a todos los niveles.

➲ **ODS 8. Promover el crecimiento económico inclusivo y sostenible, el empleo y el trabajo decente para todos**

◑ Meta 8.5. De aquí a 2030, lograr el empleo pleno y productivo y el trabajo decente para todas las mujeres y los hombres, incluidos los jóvenes y las personas con discapacidad, así como la igualdad de remuneración por trabajo de igual valor.

◑ Meta 8.3. Proteger los derechos laborales y promover un entorno de trabajo seguro y sin riesgos para todos los trabajadores, incluidos los trabajadores migrantes, en particular las mujeres migrantes y las personas con empleos precarios.

➲ **ODS 10. Reducir la desigualdad en y entre los países**

◑ Meta 10.2. De aquí a 2030, potenciar y promover la inclusión social, económica y política de todas las personas, independientemente de su edad, sexo, discapacidad, raza, etnia, origen, religión o situación económica u otra condición.

◑ Meta 10.3. Garantizar la igualdad de oportunidades y reducir la desigualdad de resultados, incluso eliminando las leyes, políticas y prácticas discriminatorias y promoviendo legislaciones, políticas y medidas adecuadas a ese respecto.

◑ Meta 10.4. Adoptar políticas, especialmente fiscales, salariales y de protección social, y lograr progresivamente una mayor igualdad.

4.2. Normativa europea

España entró en la Unión Europea el 1 de enero de 1986, en lo que en aquel momento se denominaba Comunidad Económica Europea (CEE). Uno de los principales objetivos de la Unión, desde sus inicios, ha sido mejorar las condiciones de vida de la población europea, prestando una especial atención al empleo.

Algunas normas o momentos claves de la UE, con respecto al empleo y la inclusión sociolaboral de las mujeres son:

- **Tratado de Roma (1957):** supuso el reconocimiento del derecho de la ciudadanía europea a buscar trabajo en los países del mercado común, de forma que los diferentes países debían coordinar sus sistemas de seguridad social. Fue el origen de lo que hoy conocemos como **Fondo Social Europeo.**
- **Primer Programa de Acción Social (1974):** supuso el inicio de la política social comunitaria. Se desarrollaron varios programas con el fin de cumplir objetivos específicos relacionados con la igualdad de oportunidades entre hombres y mujeres y la inserción laboral de grupos desfavorecidos.
- **Acta Única Europea (1987):** supuso un fuerte impulso para las políticas sociales y, por tanto, para las políticas relacionadas con el empleo y la inclusión social. Se creó un espacio que aseguraba el libre movimiento de personas y se establecían medidas concretas relacionadas con la formación profesional y el empleo.
- **Carta Comunitaria de los Derechos Sociales Fundamentales de los Trabajadores (1989):** supuso un avance importante para las políticas laborales y de acción social. Los 12 principios y derechos que establecía esta carta eran:

  - El derecho a elegir el Estado miembro en el que se desea trabajar.
  - El derecho a una remuneración justa.
  - El derecho a mejores condiciones de vida y trabajo.
  - El derecho a la protección social con arreglo a la realidad de cada Estado miembro.
  - La libertad de asociación sindical y el derecho a la negociación colectiva.
  - El derecho a la formación profesional.
  - El derecho a la igualdad de trato de hombres y mujeres.
  - El derecho de información, consulta y colaboración de los trabajadores.
  - El derecho a la protección de la salud y a la seguridad en el puesto de trabajo.
  - La protección de la infancia y la juventud.
  - El derecho de las personas mayores a disfrutar de un nivel de vida adecuado.
  - La promoción de la integración social y profesional de los minusválidos.

- **Tratado de Maastricht (1992):** este tratado también fue conocido como el Tratado de la Unión Europea, suponiendo la unión política de los países miembros. Con este tratado, se establecieron:

  - Medidas de fomento de empleo.
  - Mejoras para las condiciones de vida.
  - Recursos para luchar en contra de la exclusión social.

⊃ **Libro Verde** (**1993**): marcó las bases de la política social europea. El libro remarcó algunas cuestiones concretas relacionadas con el empleo:

  ◡ Oferta de empleo para todas las personas que lo demanden.
  ◡ Oferta de formación para todas las personas que demanden empleo.
  ◡ Plan de integración para colectivos en riesgo de exclusión social.
  ◡ Garantía de un nivel mínimo de ingresos.

⊃ **Tratado de Ámsterdam** (**1997**): supuso un avance más en la lucha contra las discriminaciones y en favor de las políticas de acción social. Entre otras cuestiones, se reconoció el desempleo como uno de los mayores problemas de los países de la Unión Europea y se plantearon estrategias para revertir la situación. Se prestó una especial atención a los colectivos que más sufren el desempleo, con una mirada puesta en las mujeres.

⊃ **Estrategia de Lisboa** (**2000-2010**): objetivo principal de la Estrategia de Lisboa: "Convertir la economía de la Unión Europea en la economía del conocimiento más competitiva y dinámica del mundo antes del 2010, capaz de un crecimiento económico duradero acompañado por una mejora cuantitativa y cualitativa del empleo y una mayor cohesión social".

⊃ **Estrategia Europa 2020**: esta estrategia se adoptó por el Consejo de Europa el 17 de junio de 2010 y planteó 5 objetivos comunes y prioritarios para cumplir en el año 2020:

  ◡ Llegar a un 75 % de tasa de empleo en la población europea entre 20 y 64 años.
  ◡ Aumentar la inversión en I+D+i hasta alcanzar un 3 % del producto interior bruto (PIB).
  ◡ Reducir al menos un 20 % las emisiones de dióxido de carbono y alcanzar un 20 % de inversión en políticas de energías renovables y eficacia energética.
  ◡ Reducir la tasa de abandono escolar a menos del 10 % y elevar la población de 30 a 34 años que finaliza estudios universitarios hasta el 40 %.
  ◡ Favorecer y promover políticas de integración social que permitan reducir al menos en 20 millones de personas las que vivan por debajo del umbral de la pobreza.

Para que los países miembros puedan aplicar los objetivos de esta estrategia, se establecen diez directrices, algunas de ellas relacionadas con las políticas de inserción sociolaboral y el género:

- Directriz 2.ª: abordar los desequilibrios macroeconómicos.
- Directriz 7.ª: aumentar la participación de mujeres y hombres en el mercado laboral, reducir el desempleo estructural y fomentar el empleo de calidad.
- Directriz 8.ª: conseguir una población activa cualificada que responda a las necesidades del mercado laboral y promover el aprendizaje permanente.
- Directriz 9.ª: mejorar la calidad y los resultados de los sistemas educativos y de formación en todos los niveles e incrementar la participación en la enseñanza superior o equivalente.
- Directriz 10.ª: promover la inclusión social y luchar contra la pobreza.

El Fondo Social Europeo (FSE) es el principal instrumento con el que Europa apoya la creación de empleo en España y en el resto de los países de la UE. Apoya a las personas para conseguir mejores puestos de trabajo y garantiza oportunidades laborales más justas para toda la ciudadanía de la UE.

La Unidad Administradora del Fondo Social Europeo (UAFSE), mediante un acuerdo y convenio específico, ha designado al Servicio Público de Empleo Estatal (SEPE) como organismo intermedio para el periodo de 2021-2027.

Los programas de ámbito estatal por los que está intermediando el SEPE son:

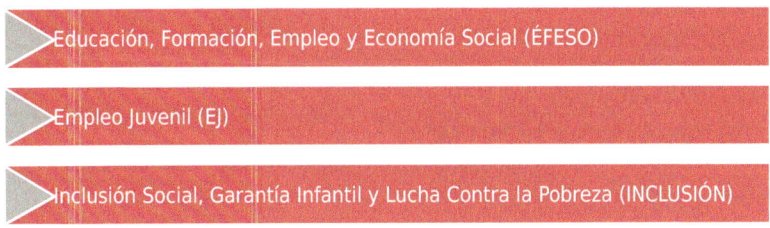

- Educación, Formación, Empleo y Economía Social (ÉFESO)
- Empleo Juvenil (EJ)
- Inclusión Social, Garantía Infantil y Lucha Contra la Pobreza (INCLUSIÓN)

PARA SABER MÁS

A través el siguiente enlace puedes obtener más información sobre los recursos de empleo que ofrece el Fondo Social Europeo (FSE). Accede desde aquí.

Continúa en página siguiente >>

<< Viene de página anterior

https://redirectoronline.com/1403010102

4.3. Normativa estatal

Una vez revisada la normativa principal, a nivel internacional y europeo, vamos a repasar las principales normas estatales que, de forma más directa o indirecta, están relacionadas con el empleo y la inclusión sociolaboral de las mujeres.

La Constitución española de 1978

La Constitución de 1978, en España, es la ley de leyes, el marco común normativo. Su artículo 35 dice así sobre el **derecho al trabajo:**

Todos los españoles tienen el deber de trabajar y el derecho al trabajo, a la libre elección de profesión u oficio, a la promoción a través del trabajo y a una remuneración suficiente para satisfacer sus necesidades y las de su familia, sin que en ningún caso pueda hacerse discriminación por razón de sexo.

Por otro lado, el artículo 14 hace referencia al valor de la **igualdad de oportunidades:**

Los españoles son iguales ante la ley, sin que pueda prevalecer discriminación alguna por razón de nacimiento, raza, sexo, religión, opinión o cualquier otra condición o circunstancia personal o social.

Ley 3/2023, de 28 de febrero, de Empleo

Es la norma básica en materia de empleo en España. Es una ley muy reciente, aún pendiente de desarrollar en varios aspectos.

Los elementos más importantes de la norma en relación con el empleo y el género son los descritos a continuación.

Artículo 1. Objeto de la ley

Los elementos más importantes sobre el sentido y objeto de la ley son:

- ⮞ Ordenar las políticas públicas de empleo.
- ⮞ Regular las estructuras, recursos, servicios y programas que forman el Sistema Nacional de Empleo.
- ⮞ Garantizar una oferta adecuada, a través de una cartera de servicios, a las personas demandantes de empleo.
- ⮞ Contribuir en los procesos de creación de empleo, reducción del desempleo, mejora de la empleabilidad y reducción de la brecha de género.

El Sistema Nacional de Empleo está formado por el Servicio Público de Empleo Estatal (SEPE) y los servicios de empleo de las comunidades autónomas, como, por ejemplo, el Servicio Andaluz de Empleo (SAE) en Andalucía o el Servicio Extremeño Público de Empleo (SEXPE) en Extremadura.

Artículo 3. Definiciones

Empleabilidad:

Conjunto de competencias y cualificaciones transferibles que refuerzan la capacidad de las personas para aprovechar las oportunidades de educación y formación que se les presenten con miras a encontrar y conservar un trabajo decente, progresar profesionalmente y adaptarse a la evolución de la tecnología y de las condiciones del mercado de trabajo.

Colectivos de atención prioritaria:

Colectivos con especiales dificultades para el acceso y mantenimiento del empleo y para el desarrollo de su empleabilidad, de conformidad con lo establecido en el artículo 50.

Artículo 4. Objetivos de la política de empleo

Algunos de los objetivos más relevantes de la política de empleo, en relación con el género y la igualdad de oportunidades, son:

- Favorecer las condiciones para generar mercados de trabajo inclusivos en los que se garantice la efectiva igualdad de oportunidades y la no discriminación en el acceso al empleo. Procurar la presencia equilibrada de personas trabajadoras de ambos sexos en cualesquiera sectores, actividades o profesiones, así como condiciones laborales compatibles con la corresponsabilidad de los trabajos de cuidados.
- La atención especializada de colectivos prioritarios para las políticas de empleo y la eliminación de cualquier clase de discriminación asegurando políticas adecuadas de incorporación laboral dirigidas a los citados colectivos.

Artículo 5. Principios rectores de la política de empleo

Los principios son:

- Los principios de igualdad y no discriminación en el acceso y consolidación del empleo y desarrollo profesional por motivo de edad, sexo, discapacidad, salud, orientación sexual, identidad de género, expresión de género, características sexuales, nacionalidad, origen racial o étnico, etc.
- Principio de transferencia en el funcionamiento del mercado de trabajo.
- Principios de colaboración institucional y coordinación entre las entidades implicadas.
- Principios de adaptación, acompañamiento y activación.
- Principios de eficacia y eficiencia en el diseño y ejecución de las políticas de empleo.
- Principio de adecuación a las características del territorio.

Artículo 11. Estrategia e instrumentos de planificación de la política de empleo

Los instrumentos de planificación y coordinación de la política de empleo serán tres:

- La Estrategia Española de Apoyo Activo al Empleo.
- El Plan Anual para el Fomento del Empleo Digno.
- El Sistema Público Integrado de Información de los Servicios de Empleo.

Artículo 12. Estrategia Española de Apoyo Activo al Empleo

La estrategia se elaborará, de forma colaborativa, entre la Agencia Española de Empleo (hasta el día de hoy denominada SEPE), los servicios públicos de empleo de las CC. AA. y otras organizaciones sindicales y empresariales significativas.

Entre las diversas actuaciones, destacan las siguientes:

- Diagnóstico del mercado de trabajo.
- Diseño integral de políticas activas y pasivas de empleo.
- Análisis del papel de las oficinas de empleo y procesos de intermediación de la oferta y demanda de empleo.

La estrategia tendrá carácter cuatrienal y se organizará en torno a siete ejes prioritarios, con el fin de establecer políticas de activación para el empleo.

¿Cuáles son los siete ejes?

- Eje 1. Orientación. Actuaciones para fomentar la inserción laboral (información, orientación profesional, intermediación, etcétera).
- Eje 2. Formación. Actuaciones de formación profesional para el empleo.
- Eje 3. Oportunidades de empleo. Actuaciones para incentivar la contratación, la creación de empleo y el mantenimiento del mismo. Se prestará una especial consideración a las personas en situación de vulnerabilidad.
- Eje 4. Oportunidades de empleo para personas con discapacidad. Actuaciones para incentivar y fomentar la contratación de personas con discapacidad.
- **Eje 5. Igualdad de oportunidades en el acceso al empleo.** Actuaciones para promover la igualdad entre hombres y mujeres, destacando las políticas de concilicación de la vida personal, laboral y familiar.
- Eje 6. Emprendimiento. Actuaciones dirigidas a fomentar el trabajo autónomo, el emprendimiento y la economía social.
- Eje 7. Mejora del marco institucional. Actuaciones para mejorar la gestión, coordinación y comunicación del Sistema Nacional de Empleo.

PARA SABER MÁS

En julio de 2025 se aprobó la Estrategia Española de Apoyo Activo al Empleo para el periodo 2025-2028. Accede desde aquí para verlo.

Continúa en página siguiente >>

<< Viene de página anterior

https://redirectoronline.com/1403010103

Artículo 13. Plan Anual para el Fomento del Empleo Digno

Será un plan de carácter anual elaborado por el Ministerio de Trabajo y Economía Social. Se articulará en torno a diferentes ejes, integrando los objetivos de las políticas activas de empleo y los programas y servicios desarrollados por los servicios públicos de empleo.

Los seis ejes serán:

- ➲ Orientación
- ➲ Formación
- ➲ Oportunidades de empleo
- ➲ **Igualdad de oportunidaes en el acceso al empleo**
- ➲ Emprendimiento
- ➲ Mejora del marco institucional

 PARA SABER MÁS

En julio de 2025 también se aprobó el Plan Anual de Fomento del Empleo Digno (PAFED) para el año 2025. Accede desde aquí para verlo.

Continúa en página siguiente >>

<< Viene de página anterior

https://redirectoronline.com/1403010104

Artículo 39. No discriminación

*Sin perjuicio de la atención que debe observarse para combatir cualquier causa de discriminación, en la planificación, organización y desarrollo de las acciones de empleabilidad se guardará especial cuidado en **evitar discriminaciones por edad, sexo o discapacidad,** o por otras razones como orientación sexual, identidad de género, características sexuales, nacionalidad, origen racial o étnico, religión o creencias, o cualquier otra circunstancia personal, familiar o social, así como la toma de cualquier decisión que pueda implicar un sesgo o estereotipo negativo de las personas por estos motivos.*

Artículo 50. Colectivos de atención prioritaria

La norma establece como **colectivos vulnerables de atención prioritaria,** desde las políticas de empleo, los siguientes:

- Personas jóvenes con baja cualificación.
- Personas desempleadas de larga duración.
- Personas con discapacidad.
- Personas con capacidad intelectual límite.
- Personas con trastornos del espectro autista.
- Personas LGTBI, concretamente personas trans.
- Personas mayores de 45 años.
- Personas migrantes.
- Personas beneficiarias de protección internacional y solicitantes de protección internacional.
- **Personas víctimas de trata de seres humanos.**
- **Mujeres con baja cualificación.**
- **Mujeres víctimas de violencia de género.** Descendientes de las mujeres víctimas de violencia de género.

- Personas en situación de riesgo de exclusión social.
- Personas gitanas o pertenecientes a grupos étnicos o religiosos minoritarios.
- Personas trabajadoras provenientes de sectores en reestructuración.
- Personas afectadas por las drogodependencias y otras adicciones.
- Personas víctimas del terrorismo.
- Personas procedentes del sistema de protección de menores.
- **Familias monoparentales y monomarentales.**

Artículo 51. La perspectiva de género en las políticas de empleo

La intervención de los organismos públicos y privados de empleo se centrará en promover la igualdad efectiva de trato y de oportunidades entre mujeres y hombres en el empleo y en las carreras profesionales y a evitar cualquier discriminación, directa o indirecta, entre personas usuarias de los servicios de empleo.

Se deberán establecer objetivos cuantitativos sectoriales de disminución de la brecha de empleo en aquellos sectores en los que exista una diferencia entre el porcentaje de empleo masculino y femenino.

Podrán establecerse medidas de incentivo al empleo, reguladas por la normativa laboral, en toda aquella empresa perteneciente a dichos ámbitos que en el último ejercicio haya incrementado el porcentaje de empleo femenino sobre el total.

Los servicios de empleo pondrán en marcha acciones de empleabilidad dedicadas exclusivamente a mujeres demandantes de servicios de empleo en aquellos ámbitos con mayor infrarrepresentación femenina.

PARA SABER MÁS

Puedes acceder a esta ley en el siguiente enlace.

Continúa en página siguiente >>

<< Viene de página anterior

https://redirectoronline.com/1403010105

 VÍDEO

La promulgación de la Ley de Empleo, del año 2023, estableció novedades que hay que tener en cuenta desde la perspectiva de la promoción del empleo, la orientación laboral y la igualdad de oportunidades: creación de la Agencia Española de Empleo, definición de colectivos de atención prioritaria, sanciones en diferentes direcciones, etc. Puedes ver un análisis en el siguiente enlace.

https://redirectoronline.com/1403010106

Ley Orgánica 3/2007, de 22 de marzo, para la igualdad efectiva de mujeres y hombres

Esta norma, según su artículo 1, nace con el objeto de hacer efectivo el derecho de igualdad de trato y de oportunidades entre mujeres y hombres, en particular mediante la eliminación de la discriminación de la mujer, sea cual fuere su circunstancia o condición, en cualesquiera de los ámbitos de la vida y, singularmente, en las esferas política, civil, laboral, económica, social y cultural para alcanzar una sociedad más democrática, más justa y más solidaria.

La lucha por la igualdad de oportunidades y de trato entre hombres y mujeres en el ámbito del empleo debe ser una prioridad de primer orden.

 **PARA SABER MÁS**

Puedes acceder a esta ley en el siguiente enlace:

https://redirectoronline.com/1403010107

Los artículos de la norma que marcan la agenda sobre la igualdad de oportunidades entre hombres y mujeres en el ámbito del empleo son los que describimos a continuación.

Artículo 5. Igualdad de trato y de oportunidades en el acceso al empleo

Este artículo regula la igualdad de trato y de oportunidades entre hombres y mujeres en el acceso al empleo, en la formación y en la promoción profesionales, y en las condiciones de trabajo.

Este principio debe ser aplicable en el ámbito del empleo privado y en el del empleo público, garantizándose, en los términos previstos en la normativa aplicable, en el acceso al empleo, incluso al trabajo por cuenta propia, en la formación profesional, en la promoción profesional, en las condiciones de trabajo, incluidas las retributivas y las de despido, y en la afiliación y participación en las organizaciones sindicales y empresariales, o en cualquier organización cuyas personas ejerzan una profesión concreta, incluidas las prestaciones concedidas por las mismas.

Artículo 42. Programas de mejora de la empleabilidad de las mujeres

Este artículo regula intervenciones y acciones concretas para mejorar la empleabilidad de las mujeres.

Las políticas de empleo tendrán como uno de sus objetivos prioritarios aumentar la participación de las mujeres en el mercado de trabajo y avanzar en la igualdad efectiva entre mujeres y hombres. Debe mejorarse la empleabilidad y la permanencia en el empleo de las mujeres, potenciando su nivel formativo y su adaptabilidad a los requerimientos del mercado de trabajo.

 SABÍAS QUE...

Las políticas activas de empleo son aquellas intervenciones que favorecen la creación de empleo, a través del fomento o incentivación. La persona desempleada, en estas políticas, tendría un rol activo.

Un ejemplo de una política activa de empleo puede ser un taller para fomentar el emprendimiento femenino.

Las políticas pasivas de empleo son aquellas intervenciones que tienen como objetivo proteger económicamente a las personas en situación legal de desempleo. La persona desempleada, en estas políticas, tendría un rol pasivo.

Un ejemplo de una política pasiva de empleo puede ser la prestación o el subsidio por desempleo.

- -

Los programas de inserción sociolaboral deberán dirigirse a todos los niveles educativos y edades de las mujeres, incluyendo formación profesional y programas de formación en alternancia.

Artículo 43. Promoción de la igualdad en la negociación colectiva

Este artículo regula la garantía y la promoción de la igualdad de oportunidades entre hombres y mujeres en el ámbito de la negociación colectiva.

Por medio de la negociación colectiva se podrán establecer **medidas de acción positiva** para favorecer el acceso de las mujeres al empleo y la aplicación efectiva del principio de igualdad de trato y no discriminación en las condiciones de trabajo entre mujeres y hombres.

Capítulo III. Los planes de igualdad de las empresas y otras medidas de promoción de la igualdad

Este capítulo **regula los planes de igualdad en el ámbito de las empresas,** medida clave para la promoción de la igualdad de oportunidades entre hombres y mujeres y prevención de las situaciones de discriminación.

Los planes de igualdad son un conjunto de medidas e intervenciones, adoptadas tras realizar un diagnóstico y un análisis de la situación sobre igualdad dentro de las empresas, cuyo objetivo principal es conseguir en la empresa la igualdad de trato y de oportunidades y eliminar la discriminación por razón de sexo.

Todas las empresas **con más de 50 personas trabajadoras,** desde el año 2022, con un periodo de adaptación, tendrán la obligación de diseñar, planificar e implementar su propio plan de igualdad, negociado entre la representación de la empresa y la representación de las personas trabajadoras.

Las **fases de los planes de igualdad** son:

- ⮑ Primera fase: puesta en marcha del proceso de elaboración y diseño del plan de igualdad.
- ⮑ Segunda fase: realización y elaboración del diagnóstico.
- ⮑ Tercera fase: diseño, aprobación y registro del plan de igualdad.
- ⮑ Cuarta fase: implantación y seguimiento del plan de igualdad.
- ⮑ Quinta fase: evaluación del plan de igualdad.

Las **materias objeto de negociación** del plan de igualdad son:

- ⮑ Proceso de selección y contratación
- ⮑ Clasificación profesional
- ⮑ Formación
- ⮑ Promoción profesional
- ⮑ Condiciones de trabajo

- Conciliación y corresponsabilidad
- Infrarrepresentación femenina
- Retribuciones
- Prevención del acoso sexual

 VÍDEO

La Ley de Igualdad presta una especial atención a la igualdad de oportunidades y de trato entre hombres y mujeres en el ámbito del empleo y de las relaciones laborales. En el siguiente vídeo, podrás tomar conciencia y analizar los puntos más importantes de la norma. Accede al mismo desde aquí.

https://redirectoronline.com/1403010108

Ley Orgánica 1/2004, de 28 de diciembre, de medidas de protección integral contra la violencia de género

Esta norma, según su artículo 1, tiene por objeto actuar contra la violencia que, como manifestación de la discriminación, la situación de desigualdad y las relaciones de poder de los hombres sobre las mujeres, se ejerce sobre las mujeres por parte de quienes sean o hayan sido sus cónyuges o de quienes estén o hayan estado ligados a ellas por relaciones similares de afectividad, aun sin convivencia.

La violencia de género se refiere a todo acto de violencia física y psicológica, incluidas las agresiones a la libertad sexual, las amenazas, las coacciones o la privación arbitraria de libertad.

A continuación, vamos a analizar los artículos de la norma más relacionados con los procesos de inclusión sociolaboral de las mujeres víctimas de violencia de género.

Artículo 21. Derechos laborales y de seguridad social

Las **trabajadoras víctimas de violencia de género** tendrán derecho, según el Estatuto de los Trabajadores, a:

- La reducción o a la reordenación de su tiempo de trabajo.
- A la movilidad geográfica.
- Al cambio de centro de trabajo.
- A la adaptación de su puesto de trabajo y a los apoyos que precise por razón de su discapacidad para su reincorporación.
- A la suspensión de la relación laboral con reserva de puesto de trabajo.
- A la extinción del contrato de trabajo con derecho a cobrar la prestación por desempleo.

Las empresas que formalicen contratos de interinidad, para sustituir a trabajadoras víctimas de violencia de género que hayan suspendido su contrato de trabajo o ejercitado su derecho a la movilidad geográfica o al cambio de centro de trabajo, tendrán derecho a una bonificación del 100 % de las cuotas empresariales a la Seguridad Social por contingencias comunes, durante todo el periodo de suspensión de la trabajadora sustituida o durante seis meses en los supuestos de movilidad geográfica o cambio de centro de trabajo.

Cuando la mujer se reincorpore al puesto de trabajo, esta se realizará en las mismas condiciones existentes en el momento de la suspensión del contrato de trabajo, garantizándose los ajustes razonables que se puedan precisar por razón de discapacidad, en el caso de que exista.

Las ausencias o faltas de puntualidad al trabajo motivadas por la situación física o psicológica derivada de la violencia de género se considerarán justificadas y serán remuneradas, cuando así lo determinen los servicios sociales o los servicios de salud, según proceda, sin perjuicio de que dichas ausencias sean comunicadas por la trabajadora a la empresa a la mayor brevedad.

A las trabajadoras por cuenta propia víctimas de violencia de género que cesen en su actividad para hacer efectiva su protección o su derecho a la asistencia social integral, se les considerará en situación de cese temporal de la actividad en los términos previstos en el texto refundido de la Ley General de la Seguridad Social, suspendiéndose la obligación de cotización durante un periodo de seis meses, que les serán considerados como de cotización efectiva a efectos de las prestaciones de Seguridad Social. Asimismo, su situación será considerada como asimilada al alta.

Artículo 22. Programa específico de empleo

En el marco de los planes anuales de empleo, a los que se refiere el **artículo 11 de la Ley de Empleo,** se desarrollará un programa de acción específico para las víctimas de violencia de género inscritas como demandantes de empleo.

Este programa incluirá medidas para favorecer el inicio de una nueva actividad por cuenta propia.

 **PARA SABER MÁS**

Puedes acceder a esta ley a través del siguiente enlace:

Continúa en página siguiente >>

<< Viene de página anterior

https://redirectoronline.com/1403010109

Otras normas relacionadas con el empleo y el género

Tras analizar la legislación más relevante sobre mujer y género, vamos a repasar, de forma más rápida, otras normas relacionadas con este aspecto:

- **Ley 39/1999, de 5 de noviembre, para promover la conciliación de la vida familiar y laboral de las personas trabajadoras:** esta ley nació con el fin de establecer y adoptar medidas concretas para permitir un reparto equilibrado de las responsabilidades familiares entre hombres y mujeres. Entre otras cuestiones, modificó los permisos por hospitalización de familiares, las excedencias relacionadas con el cuidado de familiares, el derecho a la reducción de jornada y la ampliación del permiso de maternidad en casos de parto múltiple. La norma obliga a las empresas a garantizar los derechos de conciliación de la vida personal, familiar y profesional de los trabajadores y las trabajadoras.
- **Real Decreto Ley 6/2019, de 1 de marzo, de medidas urgentes para garantía de la igualdad de trato y de oportunidades entre mujeres y hombres en el empleo y la ocupación:** tomando como referencia la Ley de Igualdad, este RD estableció medidas concretas para garantizar la igualdad de oportunidades y de trato. Esta normativa introdujo mejoras sobre la adaptación de jornada y los permisos de nacimiento.
- **Real Decreto Legislativo 2/2015, de 23 de octubre, por el que se aprueba el texto refundido de la Ley del Estatuto de los Trabajadores:** es la norma principal que regula las relaciones laborales en España. Aunque no es una norma directamente relacionada ni con la igualdad de oportunidades ni con el empleo de las mujeres, es un instrumento clave que define acciones concretas para potenciar la conciliación de la vida personal, laboral y familiar y, por tanto, la igualdad de oportunidades.
- **Real Decreto 902/2020, de 13 de octubre, de igualdad retributiva entre mujeres y hombres:** el objeto de esta norma es establecer medidas específicas para hacer efectivo el derecho a la igualdad de trato y a

la no discriminación entre mujeres y hombres en materia retributiva, desarrollando los mecanismos para identificar y corregir la discriminación en este ámbito y luchar contra aquella.

⊃ **Real Decreto 901/2020, de 13 de octubre, por el que se regulan los planes de igualdad y su registro y se modifica el Real Decreto 713/2010, de 28 de mayo, sobre registro y depósito de convenios y acuerdos colectivos de trabajo:** el objeto de esta norma es el desarrollo reglamentario de los planes de igualdad, así como su diagnóstico, incluidas las obligaciones de registro, depósito y acceso, conforme a lo previsto en la Ley de Igualdad y el Estatuto de los Trabajadores.

ACTIVIDAD 2

Rosa es orientadora laboral de un servicio de empleo gestionado por un organismo local autónomo. Rosa trabaja fundamentalmente con personas en situación de vulnerabilidad social o riesgo de exclusión social. Desde la dirección de su organización, le han pedido que identifique las personas que se consideran colectivo de atención prioritaria, según la Ley de Empleo, prestando una especial atención al género. ¿Qué colectivos se consideran de atención prioritaria según esta norma?

ACTIVIDAD 3

Antonio es el director de recursos humanos en una empresa dedicada a la distribución. En colaboración con la representación legal de la empresa (RSC) está negociando el primer plan de igualdad de la organización, debido a que la plantilla acaba de superar la cifra de más de 50 personas trabajadoras. ¿Cuál es la primera fase o momento del plan de igualdad?

TAREA 2

Juana trabaja en una asesoría y gestoría laboral. Entre las personas que atiende, se encuentra Ángela, una mujer víctima de violencia de género que acaba de denunciar a su pareja y que necesita información sobre las opciones laborales que le ofrece la ley, para poder adaptar y mantener su puesto de trabajo. ¿Qué tipo de excedencia puede solicitar Ángela?

----

5. Resumen

Los conceptos de empleo y trabajo guardan similitudes, pero tienen matices diferentes. Con el trabajo, la persona realiza una actividad con un fin concreto y claro: producir bienes y/o servicios, para así satisfacer sus necesidades, recibiendo una remuneración por él, el salario, y para satisfacer las necesidades de la empresa y la sociedad, en general. Por otro lado, el empleo hace referencia a un trabajo, con un salario o remuneración, y con un acuerdo entre el agente empleador y la persona que realiza el trabajo, a través de la firma de un contrato.

En el trabajo no se tiene por qué recibir una contraprestación económica, mientras que en el empleo sí.

Las tipologías de trabajo se clasifican con base en los siguientes criterios:

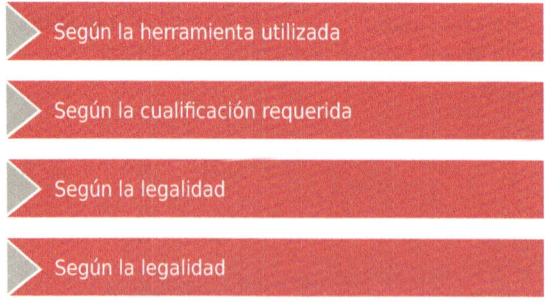

- Según la herramienta utilizada
- Según la cualificación requerida
- Según la legalidad
- Según la legalidad

Continúa en página siguiente >>

<< Viene de página anterior

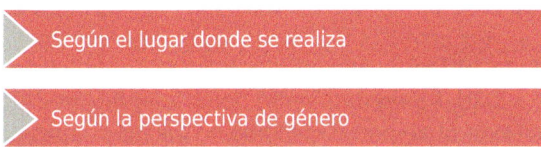

Según la perspectiva de género, el trabajo puede ser productivo o reproductivo. El trabajo productivo se asocia más a la esfera pública y a los hombres, mientras que el trabajo reproductivo se relaciona más con la esfera privada y con las mujeres. En el caso del trabajo reproductivo, no existe un salario como tal ni reconocimiento social. Los tipos de empleo se clasifican con base en los siguientes elementos:

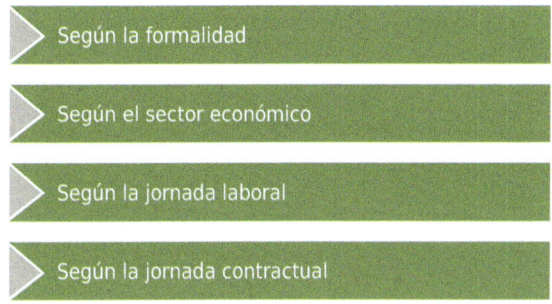

La normativa que regula el empleo y la inclusión sociolaboral de las mujeres en España tiene su origen en la normativa internacional y europea, destacando la Declaración Universal de los Derechos Humanos, la Agenda 2030 para el Desarrollo Sostenible, la Estrategia de Lisboa y la Estrategia Europa 2020. En el marco normativo español, destacan fundamentalmente tres leyes:

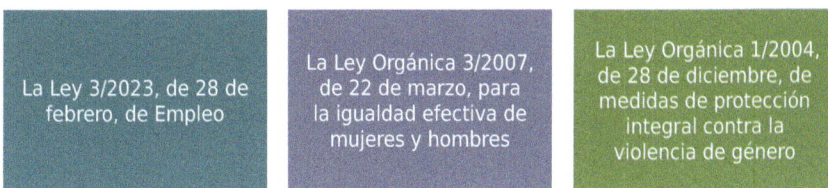

En la Ley de Empleo destaca la definición de la política de empleo, desde un punto de vista centrado en la igualdad de oportunidades y de trato entre hombres y mujeres y la eliminación de cualquier forma de discriminación, además de la determinación de los colectivos de atención prioritaria.

La Ley de Igualdad destaca por la regulación de las políticas de igualdad de oportunidades y de trato entre hombres y mujeres en el ámbito del empleo, haciendo un especial hincapié en los programas de mejora de la empleabilidad y en el diseño, planificación e implementación de los planes de igualdad.

La Ley de Medidas de Protección Integral contra la Violencia de Género, entre otros elementos, regula medidas de adaptación, en el ámbito del empleo, para las mujeres víctimas de violencia de género.

Ejercicios de autoevaluación
Unidad de Aprendizaje 1

1. Determina si la siguiente afirmación es verdadera o falsa: "Las tipologías de trabajo, según la herramienta utilizada, son: intelectual, manual y artesanal".

   ■ Verdadero
   ■ Falso

2. Determina si la siguiente afirmación es verdadera o falsa: "A las mujeres se les asigna el espacio público, es decir, el trabajo productivo, y a los hombres el espacio privado, el trabajo reproductivo".

   ■ Verdadero
   ■ Falso

3. ¿Qué concepto hace referencia al "espacio o el lugar", donde confluyen, al mismo tiempo, la oferta y la demanda de empleo de un país, región o zona determinada?

   a. Mercado de trabajo
   b. Oferta de empleo
   c. Demanda de empleo
   d. Tasa de actividad

4. ¿Qué tipo de contrato de trabajo se utiliza para dar respuesta a una necesidad, imprevisible o previsible, de la empresa u organización, durante un tiempo determinado?

   a. Obra y servicio
   b. Eventual por circunstancias de la producción
   c. Por interinidad
   d. Indefinido

5. Indica cuáles son las opciones correctas. ¿Cuáles son las características del mercado de trabajo español?

   a. Elevada tasa de desempleo.
   b. Predominancia del sector primario.

c. Concentración de las oportunidades laborales en Andalucía, Murcia y Extremadura.

d. Elevada tasa de parcialidad y temporalidad.

6. **Determina si la siguiente afirmación es verdadera o falsa: "La Declaración Universal de los Derechos Humanos fue proclamada por la Asamblea General de las Naciones Unidas el 10 de diciembre de 1998".**

   ■ Verdadero
   ■ Falso

7. **Indica cuáles son las opciones correctas. ¿Qué colectivos se consideran vulnerables de atención prioritaria según la Ley de Empleo?**

   a. Personas LGTBI, concretamente personas trans.
   b. Personas víctimas de trata de seres humanos.
   c. Mujeres mayores de 30 años.
   d. Mujeres con baja cualificación.

8. **¿Qué artículo de la Ley de Igualdad regula los programas de mejora de la empleabilidad de las mujeres?**

   a. Artículo 40
   b. Artículo 41
   c. Artículo 42
   d. Artículo 43

9. **Relaciona cuáles de las siguientes materias son objeto de negociación de los planes de igualdad.**

   a. Formación.
   b. Promoción profesional.
   c. Ocio y tiempo libre.
   d. Estudio de la parcialidad de las contrataciones.
   e. Prevención del acoso sexual.

10. Determina si la siguiente afirmación es verdadera o falsa: "Según el artículo 21, sobre los derechos laborales y de seguridad social, de la Ley Orgánica 1/2004, de 28 de diciembre, de Medidas de Protección Integral contra la Violencia de Género, las trabajadoras víctimas de violencia de género tendrán derecho, según el Estatuto de los Trabajadores, entre otras cuestiones, al cambio del centro de trabajo".

- Verdadero
- Falso

Las mujeres en el mercado de trabajo

Contenido

Objetivos

Los objetivos específicos de esta Unidad de Aprendizaje son:

→ Definir las necesidades y las demandas de las mujeres en materia de empleo, en el contexto del mercado de trabajo español.

→ Realizar un proceso de diagnóstico de las necesidades y demandas de las mujeres en materia de empleo.

→ Analizar las tipologías de discriminación que se producen en el mercado de trabajo: directa, indirecta y múltiple.

→ Identificar las fases que forman parte del proceso de diagnóstico de las necesidades y demandas laborales de las mujeres en el contexto de un plan de igualdad.

1. Introducción

La realidad sociolaboral de las mujeres, en el contexto del mercado de trabajo español, se caracteriza por: predominancia del sector servicios y de las actividades relacionadas con los cuidados, elevadas tasas de temporalidad y parcialidad, doble jornada y asignación del trabajo reproductivo, brecha salarial y otras brechas de género, y la carga de los estereotipos y los roles de género.

Las necesidades y demandas laborales de las mujeres son fundamentalmente: medidas de conciliación real y efectiva, compromiso de los hombres con estas medidas, igualdad salarial, intervenciones concretas para la promoción profesional y lucha contra los "techos de cristal", protección frente a las situaciones de discriminación y acoso por razón de sexo, acceso a sectores emergentes y estudios STEM, y apoyo, a través de medidas concretas, al emprendimiento femenino.

Para realizar un diagnóstico de las necesidades y demandas laborales de la mujeres hay que seguir los siguientes pasos: definir el objetivo del diagnóstico, recoger los datos necesarios, a nivel cuantitativo y cualitativo, analizarlos y elaborar el informe del diagnóstico, para posteriormente intervenir y potenciar la igualdad de oportunidades y de trato entre hombres y mujeres.

En el ámbito del empleo y de las relaciones laborales, las mujeres se pueden enfrentar a diferentes tipologías de discriminación o segregación.

La discriminación directa hace referencia a aquellas situaciones en las que una persona sea, haya sido o pudiera ser tratada, en atención a su sexo, de manera menos favorable que otra en una situación comparable. La discriminación indirecta hace referencia a una situación que aparentemente es neutra, pero pone a personas de un sexo en desventaja particular con respecto a personas del otro.

La segregación horizontal hace referencia a una alta concentración de mujeres en sectores que son típicamente feminizados. La segregación horizontal que también se conoce como "techo de cristal" o "suelo pegajoso" hace referencia a la dificultad que presentan las mujeres para acceder a puestos de mayor responsabilidad.

Para ello, nos seguiremos basando en el caso de Alba, una graduada en Relaciones Laborales y Recursos Humanos que, tras la demanda recibida por una federación de asociaciones y organizaciones que trabajan por la inserción sociolaboral de la mujer, decide preparar un manual sobre el trabajo y el empleo desde una perspectiva de género.

Después de analizar la normativa al respecto y los conceptos clave, ahora Alba analizará las necesidades y demandas laborales de las mujeres, a través de un proceso de diagnóstico concreto, y describiendo los procesos de discriminación, directa e indirecta, y de segregación, horizontal y vertical, que sufren las mismas por razón de sexo.

2. Necesidades y demandas laborales de las mujeres

 **HILO CONDUCTOR**

En esta segunda parte, Alba analizará la realidad sociolaboral de las mujeres en el mercado de trabajo español, para luego definir sus necesidades y demandas laborales concretas, desde la óptica de la conciliación, la corresponsabilidad y la promoción profesional.

Comenzando con un recorrido histórico, a finales del s. xix, 1 de cada 19 mujeres trabajaba como criada (es decir, como empleada de hogar). Durante la guerra civil española (1936-1939) esta cifra aumentó considerablemente, además de que las mujeres se vieron obligadas a trabajar en la elaboración de materiales de guerra. Los hombres, en cambio, iban al frente, marcando así su rol de protectores y salvadores (Bucklew, 2013).

A partir de 1960, tras la posguerra, la mujer comenzó a llevar a cabo tareas de administración, pero eso sí, sin tener autoridad ni poder sobre su propio trabajo y desarrollo profesional. Esto estaba unido a la política reproductiva, por lo que las mujeres eran orientadas hacia el ámbito privado, es decir, a su hogar.

Se producía una sistematización de la procreación, la reproducción y, por tanto, una imposibilidad de producción y trabajo en el ámbito privado, al ser las mujeres las responsables del trabajo doméstico y reproductivo.

A partir de la década de los años 70, con la finalización de la dictadura y el inicio de la democracia, se comienza a hablar de que la mujer vivía en una situación de desventaja económica progresiva, en comparación con el hombre.

Esta realidad fue denominada como "feminización de la pobreza", surgida debido a los estudios e investigaciones que aportaban como resultado un aumento de mujeres que se acercaban a ese umbral de pobreza estudiado desde diversas disciplinas: antropología, sociología, psicología, economía, etcétera. De esta forma se comprobó que las mujeres tenían mayor representación en la tasa de pobreza que los hombres.

 **RECUERDA**

El trabajo reproductivo hace referencia a aquellas actividades de reproducción social que aseguran el bienestar de la familia y de la sociedad en general, y también su supervivencia (maternidad, crianza, cuidado, tareas domésticas, atención a personas en situación de dependencia, etc.).

Según este concepto, a los hombres se les asigna el espacio público, es decir, el trabajo productivo, y a las mujeres el espacio privado, es decir, el trabajo reproductivo. Esta asignación se trata de una construcción social, integrada totalmente en la sociedad, según los roles y estereotipos de género.

2.1. Análisis del mercado de trabajo español

Antes de analizar las necesidades y demandas laborales de las mujeres, vamos a realizar un acercamiento a su realidad sociolaboral en el mercado de trabajo español. Fíjate a continuación:

- **Roles de género:** son las normas, visibles e invisibles, los valores, los comportamientos o las actitudes que la sociedad atribuye a cada persona en función de su sexo. Por ejemplo: en la vida adulta, la sociedad espera que un hombre sea camionero o ingeniero, mientras que espera que una mujer sea maestra, enfermera o cuidadora de personas en situación de dependencia.
- **División sexual del trabajo:** la división sexual del trabajo hace referencia a la manera en la que cada sociedad o grupo social organiza la distribución del trabajo entre los hombres y las mujeres, atendiendo a los roles de género que están establecidos en la propia sociedad y que se consideran apropiados para cada sexo. De forma tradicional, según el patriarcado, a los hombres se les asigna el rol productivo y a las mujeres el rol reproductivo. Esta división es el origen de la discriminación por

sexo: una división de tiempo, espacios, obligaciones y beneficios diferente para mujeres y para hombres.

- **Brechas de género:** el concepto de brechas de género hace referencia a las desigualdades que existen entre las mujeres y los hombres en diferentes aspectos o facetas de la vida, perjudicando, en la mayoría de los casos, a las mujeres. Algunas tipologías de brechas de género son:

  - **Brecha de representación:** las mujeres están menos representadas que los hombres en puestos de gran responsabilidad, política, pública u organizacional.
  - **Brecha educativa:** las mujeres no suelen acceder a carreras tecnológicas o relacionadas con la informática.
  - **Brecha digital:** las mujeres, en general, tienen menor acceso a las nuevas tecnologías de la información y de la comunicación.

- **Doble jornada:** la incorporación de la mujer al mercado de trabajo ha provocado que, en muchas ocasiones, además de trabajar fuera del hogar, a media o jornada completa, dediquen también más tiempo que los hombres a las tareas domésticas, de cuidado, crianza o atención a hijos, hijas o personas dependientes. Por todo ello, se habla de "doble jornada o doble agenda". Por otro lado, según datos del INE, con respecto al número de horas que dedican hombres y mujeres a tareas domésticas, se arrojan los siguientes datos: a rasgos generales, las mujeres dedican el doble de horas que los hombres a estas tareas.

- **Tasa de parcialidad:** la parcialidad de las contrataciones, aquellos contratos con una duración inferior a la jornada completa, tiene nombre de mujer. Según datos del INE, la tasa de parcialidad de los hombres, con respecto al empleo total masculino, pasa de 7,0 % en 2019 al **6,8 % en 2024,** y del 23,8 % en 2019 al **21,4 % en 2024** la de las mujeres sobre el empleo total femenino. Los datos son claros: la tasa de parcialidad de las mujeres triplica la de los hombres.

- **Tasa de temporalidad:** al igual que la parcialidad, la temporalidad también tiene nombre de mujer (nos referimos a aquellos contratos que no son indefinidos). La **tasa de temporalidad de los hombres es del 7 %,** frente a la de **las mujeres,** que alcanza el **8,9 %** (datos del INE del año 2024).

- **Medidas de conciliación:** en España existen diversas medidas de conciliación de la vida personal, laboral y familiar (permisos por nacimiento, lactancia, reducción de jornada, excedencia por cuidado de familiares, permisos por hospitalización, etc.) y, a pesar de que son igual de accesibles para los hombres que para las mujeres, siguen siendo las mujeres las que las solicitan mayoritariamente.

- **Predominancia del sector servicios:** el sector económico mayoritario en España es el sector servicios, más aún en el caso de las mujeres. Si se analizan las estadísticas de los últimos años, las principales actividades económicas en las que participan las mujeres son: actividades sanitarias, servicios sociales, comercio y educación.

 PARA SABER MÁS

El 85 % de las excedencias para cuidar a familiares ha sido solicitado, durante el último trimestre de 2024, por mujeres, mientras que los hombres fraccionan más el permiso por nacimiento.

https://redirectoronline.com/1403010201

2.2. Análisis de las necesidades y demandas de las mujeres en España

Llegados a este momento, vamos a realizar un análisis de las necesidades y demandas laborales de las mujeres en España:

➲ **Conciliación real y efectiva:** es importante ampliar y mejorar las medidas de conciliación de la vida personal, laboral y familiar, pero también es clave concienciar y potenciar que estas medidas sean utilizadas indistintamente por hombres y por mujeres. Los datos son claros: la mayoría de las reducciones de jornada por cuidado de hijos o hijas son solicitadas por mujeres, a pesar de que los hombres tienen el mismo derecho de solicitarlas. Esto hace que el trabajo de las mujeres, al igual que sus salarios, sean más precarios. Son necesarias acciones concretas de sensibilización e información desde una perspectiva de género. Estas actividades de información y sensibilización deben tener los siguientes objetivos:

  ◐ Eliminar cualquier discriminación, directa o indirecta, por razón de sexo.
  ◐ Fomentar la igualdad de oportunidades y de trato.

- Prevenir la violencia o el acoso por razón de sexo.
- Potenciar la conciliación y la corresponsabilidad.
- Romper con los estereotipos asociados al género.

⮑ **Igualdad salarial:** es necesario establecer medidas concretas para acabar con la brecha salarial que sufren las mujeres. Partiendo del Real Decreto 902/2020, de 13 de octubre, de igualdad retributiva entre mujeres y hombres, todas las empresas deberán llevar a cabo una auditoría de los salarios y complementos salariales cobrados por hombres y mujeres en cada uno de los puestos de trabajo desempeñados, dentro de cada empresa y/o centro de trabajo. Se deberá elaborar y presentar un informe al respecto.

⮑ **Promoción profesional:** es importante reconocer el potencial de mujeres y hombres de forma igualitaria y facilitar el desarrollo de la carrera profesional, fomentar la presencia equilibrada de mujeres y hombres en los diferentes niveles profesionales que tiene la empresa (medidas concretas para acabar con los "techos de cristal") y garantizar las mismas oportunidades de promoción a mujeres y hombres. Algunas de las medidas concretas que se pueden poner en marcha, en relación con la promoción profesional de las mujeres, son:

- Análisis y estudio de los inconvenientes que se encuentran las mujeres para incorporarse a los procesos de promoción profesional y, por tanto, diseñar e implementar estrategias para solventarlos.
- Medidas concretas para desarrollar un plan de promoción profesional que valore la promoción vertical y horizontal de hombres y mujeres.
- Creación de un banco de datos, en el contexto de cada empresa u organización, sobre mujeres trabajadoras con potencial para promocionar.
- Difusión de ofertas de promoción profesional entre toda la plantilla de la empresa u organización.
- Asegurar las mismas posibilidades de ascender a toda la plantilla sin tener en cuenta el tipo de contrato que tienen (contrato a media jornada, reducción de jornada por cuidado de familiares, etc.).
- Garantizar la promoción profesional también a personas que están en situación de excedencia por cuidado de hijos, hijas u otros familiares.
- Diseño de formaciones en materia de igualdad para el equipo responsable de los procesos de promoción.
- Diseño de cursos en habilidades de dirección, técnicas de comunicación o liderazgo dirigidos a mujeres con posibilidad de promocionar en la empresa.

◑ Lograr un equilibrio representativo entre hombres y mujeres en los puestos de toma de decisiones, estableciendo porcentajes de promoción de mujeres.

➲ **Protección frente a la discriminación y el acoso:** las empresas deben contar con protocolos concretos para prevenir e intervenir ante cualquier situación de discriminación o acoso que puedan sufrir las mujeres. Es importante garantizar el respeto a la intimidad y dignidad de la persona en el entorno laboral, además de llevar a cabo mecanismos que supongan la prevención, la actuación y la sanción de situaciones que puedan dañar a la persona, tanto a nivel físico y psicológico, y diseñar e implementar protocolos concretos relacionados con la prevención del acoso por razón de sexo.

➲ **Acceso a sectores emergentes:** potenciar el acceso de las mujeres a puestos de dirección y responsabilidad, además de la incorporación a estudios y formaciones relacionadas con el sector STEM (ciencia, tecnología, ingeniería y matemáticas).

➲ **Apoyo al emprendimiento femenino:** son necesarias medidas concretas para potenciar el emprendimiento femenino:

◑ Formación y procesos de acompañamiento a mujeres emprendedoras.

◑ Financiación ajustada a las necesidades de las mujeres (microcréditos, préstamos, subvenciones, avales, etc.).

◑ Mentoría.

◑ *Networking.*

◑ Apoyo al emprendimiento rural.

La igualdad salarial o retributiva es una demanda laboral, además de una necesidad, de las mujeres en el contexto del mercado de trabajo español.

 **PARA SABER MÁS**

Puedes encontrar más información sobre el mundo académico relacionado con el STEM desde aquí.

https://redirectoronline.com/1403010202

 ACTIVIDAD COMPLEMENTARIA

1. Reflexiona y responde a la siguiente cuestión.

   Los estereotipos de género, relacionados con la socialización diferenciada y los roles de género, determinan, en gran medida, el comportamiento de los hombres y las mujeres por el simple hecho de serlo. Estos estereotipos, en torno al pensamiento de las personas y transmitidos de generación en generación, dibujan las expectativas, normas, valores y actitudes, de hombres y mujeres, en el contexto de un grupo social determinado, condicionando también la elección de una u otra profesión y el desarrollo de las relaciones laborales.

   ¿En qué aspectos influyen los estereotipos de género con respecto a la elección de una profesión u otra, o en el desarrollo de la carrera profesional?

 **ACTIVIDAD 4**

Pilar trabaja en una consultora de recursos humanos y, entre otras funciones, lleva a cabo procesos de formación, consultoría e investigación social. En colaboración con la Universidad de Sevilla, Pilar debe realizar un análisis de las necesidades y demandas laborales de las mujeres, en el contexto del mercado de trabajo español actual. ¿Cuáles son, a rasgos generales, las demandas laborales y necesidades de las mujeres?

---

3. Elaboración de un diagnóstico de las necesidades y demandas de las mujeres en materia de empleo

👉 HILO CONDUCTOR

Una vez analizadas las demandas y necesidades laborales de las mujeres, a rasgos generales, Alba definirá un proceso de diagnóstico de estas, siguiendo varias fases y según lo marcado en la normativa sobre los planes de igualdad y sus momentos, concretamente, su segunda fase (fase de diagnóstico).

Para realizar la elaboración de un diagnóstico de necesidades y demandas de las mujeres en materia de empleo, habrá que seguir, a rasgos generales, los siguientes pasos:

1. Objetivo del diagnóstico: ¿qué se quiere analizar?
2. Recogida de datos: cuantitativos y cualitativos.
3. Análisis de los datos.
4. Elaboración del informe de diagnóstico con el fin de intervenir.

Este esquema sería aplicable a cualquier ámbito relacionado con las demandas y las necesidades de las mujeres en materia de empleo (empresa, sindicato, vida comunitaria, ámbito asociativo, ayuntamiento, etc.).

Refiriéndonos al ámbito empresarial y de las relaciones laborales, según la Ley Orgánica 3/2007, de 22 de marzo, para la Igualdad Efectiva de Mujeres y Hombres, el diagnóstico de las necesidades y demandas laborales de las mujeres se lleva a cabo en el marco de los planes de igualdad.

 **RECUERDA**

Los planes de igualdad son un conjunto de medidas e intervenciones, adoptadas tras realizar un diagnóstico y un análisis de la situación sobre igualdad dentro de las empresas, cuyo objetivo principal es conseguir en la empresa la igualdad de trato y de oportunidades y eliminar la discriminación por razón de sexo.

Todas las empresas con más de 50 personas trabajadoras tienen la obligación de diseñar, planificar e implementar su propio plan de igualdad, negociado entre la representación de la empresa y la representación de las personas trabajadoras.

Las fases de los planes de igualdad son:

1. fase: puesta en marcha del proceso de elaboración y diseño del plan de igualdad.
2. fase: realización y elaboración del diagnóstico.
3. fase: diseño, aprobación y registro del plan de igualdad.
4. fase: implantación y seguimiento del plan de igualdad.
5. fase: evaluación del plan de igualdad.

Nos vamos a centrar en la segunda fase del plan de igualdad, que es aquella en la que se diseña, realiza y elabora el diagnóstico. Los aspectos más relevantes del proceso de diagnóstico son los siguientes:

- ➲ **¿Qué es?:** el diagnóstico del plan de igualdad consiste en hacer un análisis profundo sobre la situación de la empresa, centrando el análisis en aquellos aspectos, elementos o ámbitos en los que se puedan estar produciendo situaciones de desigualdad o discriminación por razones de género o sexo. Es un análisis sobre la situación de partida con respecto a la igualdad de oportunidades y de trato entre hombres y mujeres. Posteriormente, el plan de igualdad deberá actuar frente a estos aspectos o circunstancias.
- ➲ **Partes intervinientes:** la comisión o mesa negociadora del plan, formada por representantes de la empresa y representantes de las personas trabajadoras. Personas expertas en igualdad de oportunidades (a petición de la comisión o mesa negociadora).

⮞ **Fases del diagnóstico**

1. **Planificación:** la comisión negociadora asignará a una o varias personas la tarea de dinamizar el proceso de recogida de la información y datos. Esta persona solicitará a la empresa y a las personas trabajadoras toda la información que considere oportuna y necesaria para diagnosticar cada una de las materias (proceso de selección, formación continua, desarrollo profesional, escala retributiva, etc.). Se seleccionarán las herramientas necesarias para la recopilación de datos, como, por ejemplo, fichas o cuestionarios. Toda la plantilla de la empresa ha de conocer que se ha iniciado esta fase.

2. **Recopilación de información:** se recogerá toda la información, datos y documentación disponible o necesaria para poder llevar a cabo el diagnóstico de la situación (cuestionarios administrados a las personas trabajadoras, hojas de salario, información sobre los procesos de selección, información sobre los procesos de promoción profesional, etc.).

3. **Análisis de información:** se analizan y gestionan los datos, información y documentación recogida, para así señalar puntos débiles, puntos fuertes, prioridades de actuación y propuestas de mejora. En este momento, es clave identificar los aspectos o cuestiones en los que se producen las situaciones de desigualdad o discriminación, las causas que las provocan y las medidas de cambio propuestas para solventar este tipo de situaciones.

4. **Informe de diagnóstico:** la comisión deberá elaborar un informe final de diagnóstico sobre la situación de partida en la empresa con respecto a la igualdad de oportunidades entre hombres y mujeres, según el análisis llevado a cabo, la gestión de la información y los principales análisis, conclusiones y propuestas de mejora. El informe de diagnóstico debe incluir: metodología utilizada, información detallada de la empresa, organigrama, análisis de la situación por materias, reflexiones, propuestas de mejora y conclusiones.

5. **Comunicación del diagnóstico:** el informe de diagnóstico debe ser conocido por toda la plantilla de personas trabajadoras, la RLT y la representación de la empresa.

VÍDEO

En el siguiente vídeo, puedes analizar, de forma más concreta, el proceso de diagnóstico del plan de igualdad. Accede desde aquí.

Continúa en página siguiente >>

<< Viene de página anterior

https://redirectoronline.com/1403010203

 TAREA 3

Antonio Javier es el representante legal de las personas trabajadoras de su empresa, a través del sindicato UGT, y junto a la representación de la patronal, se encuentra actualmente negociando un nuevo plan de igualdad. Está inmerso en la segunda fase del plan: el proceso de diagnóstico.

¿Qué fases forman parte del proceso de diagnóstico del plan de igualdad y cuál es el papel de las mujeres en cada una de ellas?

---

4. Descripción y análisis de la discriminación por razón de sexo en el trabajo. Análisis de actitudes

 HILO CONDUCTOR

Una vez descrito el proceso de diagnóstico de las necesidades y demandas laborales de las mujeres, Alba profundizará en los procesos de discriminación y segregación a los que se enfrentan.

Vamos a analizar los conceptos de **discriminación y segregación,** por razón de sexo, en el ámbito del empleo.

La Asamblea General de Naciones Unidas, en diciembre de 1979, define la discriminación por razón de sexo como "toda distinción, exclusión o restricción basada en el sexo que tenga por objeto o resultado menoscabar o anular el reconocimiento, goce o ejercicio por las mujeres, con independencia de su estado civil, sobre la base de la igualdad del hombre y de la mujer, de los derechos humanos y las libertades fundamentales en las esferas políticas, económicas, sociales, cultural y civil o en cualquier otra esfera".

La Ley de Igualdad indica en su artículo 1 que su objeto es hacer efectivo el derecho de igualdad de trato y de oportunidades entre mujeres y hombres, particularmente mediante la eliminación de la discriminación de la mujer, sea cual fuere su circunstancia o condición, en cualquier ámbito de la vida.

 PARA SABER MÁS

La desigualdad de género en el empleo es mucho más preocupante de lo que, *a priori,* parece, y así lo confirma un informe de Naciones Unidas. Puedes profundizar en el siguiente enlace.

https://redirectoronline.com/1403010204

La **discriminación por razón de sexo** se puede clasificar en tres tipologías:

⮕ **Discriminación directa:** según el artículo 6 de la Ley de Igualdad, hace referencia a aquellas situaciones en las que una persona sea, haya sido o pudiera ser tratada, en atención a su sexo, de manera menos favorable que otra en una situación comparable. Por ejemplo:

○ Despido por embarazo.
○ No reconocimiento igualitario de méritos en el desempeño del trabajo.
○ Acoso sexual.
○ Salarios diferentes en el mismo puesto de trabajo y por las mismas funciones.
○ Preguntar a las mujeres sobre la maternidad en las entrevistas de trabajo.

La ley establece que el acoso sexual es cualquier comportamiento, verbal o físico, de naturaleza sexual, que tenga el propósito o produzca el efecto de atentar contra la dignidad de una persona, más aún cuando se crea en un entorno intimidatorio, degradante u ofensivo.

○ **Discriminación indirecta**: según el artículo 6 de la Ley de Igualdad, hace referencia a una situación que aparentemente es neutra, pero pone a personas de un sexo en desventaja particular con respecto a personas del otro, a excepción de que dicha disposición, criterio o práctica puedan justificarse de forma objetiva en atención a una finalidad legítima y que los medios para alcanzar dicha finalidad sean necesarios y adecuados. Por ejemplo:

1. Mayores dificultades, para las mujeres, para poder conciliar la vida personal, laboral y familiar.
2. Mayores tasas, en las mujeres, de contrataciones temporales, lo que potencia la precariedad laboral.
3. Mayor presencia de las mujeres en contrataciones a tiempo parcial, lo que también potencia la precariedad laboral.
4. Políticas de promoción profesional basadas en antigüedad en la empresa.

La mayoría de las reducciones de jornada son solicitadas por mujeres, al igual que la mayor parte de los contratos temporales o los contratos a jornada parcial. Esto, además de aumentar la precariedad laboral, también hace que las mujeres tengan menor poder adquisitivo que los hombres.

○ **Discriminación múltiple**: es un tipo de discriminación habitual en las mujeres y está especialmente marcada en el ámbito laboral. Se refiere a todos los obstáculos que puede tener una mujer, no solo por ser mujer y los roles tan diferenciados con respecto a los hombres, sino que a este hecho se le suman elementos como la edad, la discapacidad o la orientación sexual, entre otros. Por ejemplo, algunas de las mujeres que se pueden enfrentar a situaciones de discriminación múltiple, en el mundo laboral, serían:

○ Una mujer soltera con su hija y que, además, tiene una discapacidad física del 62 %.
○ Una mujer transexual.
○ Una mujer que lleva en desempleo más de 1 año y que, además, acaba de cumplir 51 años.

 **ACTIVIDAD 5**

Juana trabaja en un supermercado a jornada completa. Tiene una niña de 2 años y acaba de comunicar a su empresa un nuevo embarazo. Unos días después, Juana recibió una carta de despido alegando causas económicas. Ante esta situación, Juana se ha puesto en contacto con un gabinete jurídico. ¿Ante qué tipo de discriminación nos encontramos?

La discriminación por razón de sexo o género suele ir unida a las situaciones que generan las segregaciones con respecto al empleo y al género. Estas segregaciones pueden ser:

- **Segregación horizontal:** hace referencia a una alta concentración de mujeres en sectores que son típicamente feminizados. ¿En qué sectores se concentran las mujeres?

    - Sector servicios, en general.
    - Educación.
    - Atención a personas y cuidados.
    - Servicios a la comunidad.
    - Comercio.

    Socialmente, los sectores feminizados son los que están peor vistos, tienen un menor prestigio y están peor pagados.
- **Segregación vertical:** la segregación vertical también se conoce como **techo de cristal o suelo pegajoso.** Hace referencia a la dificultad que presentan las mujeres para acceder a puestos de mayor responsabilidad. La causa principal está relacionada con las responsabilidades en el ámbito familiar y doméstico, además de la maternidad. Estas actividades relacionadas con el trabajo reproductivo, de cuidado y maternidad suelen ser coincidentes cronológicamente con la etapa de desarrollo profesional.

 VÍDEO

Las causas del techo de cristal son diversas: los estereotipos sociales, la carga de los cuidados, los roles de género o la doble jornada, entre otras cuestiones.

Continúa en página siguiente >>

<< Viene de página anterior

Es importante conocer historias reales que nos acerquen a la comprensión de esta realidad. Accede desde aquí para verlas.

https://redirectoronline.com/1403010205

En el ámbito laboral, una de las principales discriminaciones más habituales que encuentran las mujeres son las barreras invisibles que impiden o dificultan la promoción y el acceso a los puestos de dirección y poder.

Hablamos de barreras invisibles, ya que no hay leyes, normas o códigos concretos que se impongan a estas para limitarlas profesionalmente. Se trata de unas "normas" no escritas, que suelen venir derivadas de estereotipos sociales y roles de género que otorgan ciertas características y papeles a los hombres y mujeres y lo que se espera de ellos y ellas, además del lugar que supuestamente deben ocupar tanto en el ámbito profesional como en el familiar, personal o social.

En la actualidad, el cuidado del hogar y de la familia son responsabilidades que se siguen atribuyendo a la mujer, mayoritariamente, por ello son las mujeres las que por lo general recurren a reducciones de jornada o excedencias para poder así atender a sus familiares dependientes e hijos o hijas.

 SABÍAS QUE...

En torno a la realidad del techo de cristal, aparecen diversas creencias erróneas y discriminatorias hacia las mujeres, como, por ejemplo:

Continúa en página siguiente >>

<< Viene de página anterior

1. Los hombres se implican más con la empresa, en general, más aún en cargos de responsabilidad.
2. Los hombres disponen de más tiempo e implicación para el trabajo que las mujeres.
3. Las mujeres no tienen tiempo para asumir puestos de mayor responsabilidad.
4. Las mujeres tienen una mayor tasa de absentismo, debido al cuidado de hijos, hijas u otros familiares.

Las mujeres predominan en el sector servicios, en general, y, concretamente, en algunas actividades profesionales relacionadas con la atención a personas y los cuidados, debido entre otras cuestiones a los estereotipos o roles de género.

5. Resumen

Las mujeres, en el contexto del mercado de trabajo español, trabajan mayoritariamente en el sector servicios, con una tasa de temporalidad y parcialidad por encima de la de los hombres y con la carga del trabajo reproductivo y de la brecha salarial.

Las necesidades y demandas laborales de las mujeres, a rasgos generales, son:

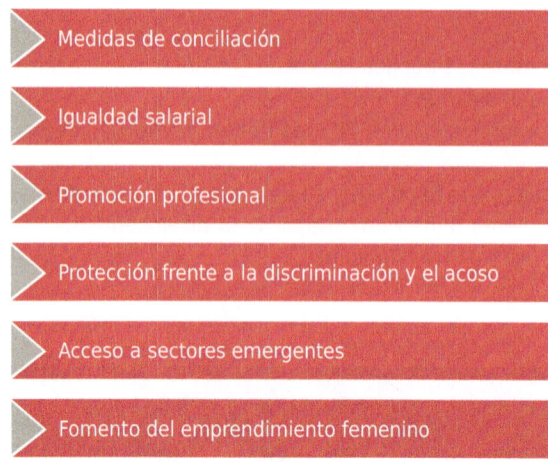

Para llevar a cabo un diagnóstico de las necesidades y demandas laborales de las mujeres hay que seguir los siguientes pasos:

En el ámbito del empleo y de las relaciones laborales, las mujeres se pueden enfrentar a diferentes tipologías de discriminación o segregación.

La discriminación directa hace referencia a aquellas situaciones en las que una persona sea, haya sido o pudiera ser tratada, en atención a su sexo, de manera menos favorable que otra en una situación comparable. La discriminación indirecta hace referencia a una situación que aparentemente es neutra, pero pone a personas de un sexo en desventaja particular con respecto a personas del otro.

Algunos ejemplos de discriminación, directa e indirecta, pueden ser:

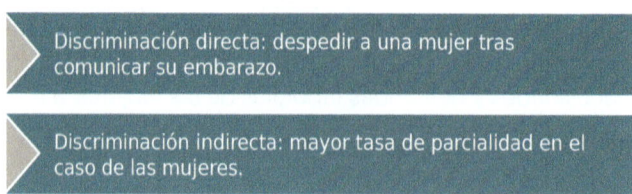

La segregación horizontal hace referencia a una alta concentración de mujeres en sectores que son típicamente feminizados. La segregación vertical, que también se conoce como "techo de cristal" o "suelo pegajoso", hace referencia a la dificultad que presentan las mujeres para acceder a puestos de mayor responsabilidad.

Ejercicios de autoevaluación
Unidad de Aprendizaje 2

1. Determina si la siguiente afirmación es verdadera o falsa: "Los estereotipos de género son las normas, visibles e invisibles, los valores, los comportamientos o las actitudes que la sociedad atribuye a cada persona en función de su sexo".

   - Verdadero
   - Falso

2. Determina si la siguiente afirmación es verdadera o falsa: "El sector económico mayoritario en España es el sector servicios, más aún en el caso de las mujeres".

   - Verdadero
   - Falso

3. ¿Qué brecha está relacionada con el hecho de que las mujeres estén menos representadas que los hombres en puestos de gran responsabilidad, política, pública u organizacional?

   a. Brecha educativa
   b. Brecha salarial
   c. Brecha de representación
   d. Brecha digital

4. Indica cuáles son las opciones correctas. ¿Cuáles son las necesidades y demandas laborales de las mujeres en España?

   a. Conciliación real y efectiva
   b. Igualdad salarial
   c. Mayor representación en el sector servicios
   d. Acceso a sectores emergentes

5. ¿En qué año se publicó el Real Decreto de Igualdad Retributiva entre Mujeres y Hombres?

   a. 2017
   b. 2018
   c. 2019
   d. 2020

6. Determina si la siguiente afirmación es verdadera o falsa: "Las formaciones del sector STEM están relacionadas con los servicios sociales y los cuidados".

   ■ Verdadero
   ■ Falso

7. Relaciona el momento o la fase sobre la elaboración de un diagnóstico de necesidades y demandas de las mujeres en materia de empleo.

   — Recogida de datos.
   — Elaboración del informe de diagnóstico.
   — Análisis de datos.
   — Objetivo del diagnóstico.

   a. Primer momento
   b. Segundo momento
   c. Tercer momento
   d. Cuarto momento

8. Determina si la siguiente afirmación es verdadera o falsa: "Despedir a una mujer embarazada es un ejemplo de discriminación directa por razón de sexo".

   ■ Verdadero
   ■ Falso

9. ¿Qué tipo de segregación hace referencia a una alta concentración de mujeres en sectores que son típicamente feminizados?

   a. Segregación de oportunidades
   b. Segregación vertical

    c. Segregación indirecta
    d. Segregación horizontal

10. Indica cuáles son las opciones correctas. La segregación vertical también se conoce como...

    a. ... techo de oportunidades.
    b. ... suelo pegajoso.
    c. ... suelo de cristal.
    d. ... techo de cristal.

La acción sindical y la contribución de las mujeres al desarrollo del mundo laboral

Contenido

Objetivos

Los objetivos específicos de esta Unidad de Aprendizaje son:

→ Analizar la intervención de la acción sindical en materia de igualdad de oportunidades y de trato entre hombres y mujeres.

→ Valorar la contribución de las mujeres al desarrollo del mundo laboral y, por tanto, de la sociedad.

1. Introducción

Las organizaciones sindicales, junto a las organizaciones empresariales o patronales, son los agentes sociales en el marco de las relaciones laborales en España, representando respectivamente a las personas trabajadoras y a las empresas para defender sus derechos, intereses y necesidades.

La intervención de los sindicatos, es decir, la acción sindical, en torno a la promoción de la igualdad de oportunidades y de trato entre hombres y mujeres y la prevención de la violencia, se puede resumir en las siguientes acciones o tareas: difusión e información, campañas de sensibilización, diseño, aprobación, registro y seguimiento de los planes de igualdad, diálogo social y formación.

La incorporación de las mujeres al mercado de trabajo ha contribuido, en gran medida, al crecimiento de las diferentes economías. Según la OCDE, el aumento de la participación de las mujeres en la fuerza de trabajo produce un crecimiento económico mucho más rápido. La incorporación masiva de las mujeres mejora notablemente los beneficios del producto interior bruto (PIB).

Si tenemos en cuenta que las mujeres históricamente se han encargado del trabajo reproductivo y los hombres del trabajo productivo, la incorporación de la mujer al mercado de trabajo ha provocado que, en muchas ocasiones, además de trabajar fuera del hogar, a media o jornada completa, pero que se vean obligadas a dedicar más tiempo que los hombres a las tareas domésticas, de cuidado, crianza o atención a hijos, hijas o personas dependientes. Por todo ello, se habla de "doble jornada o doble agenda". Este sobreesfuerzo de las mujeres ha permitido el desarrollo profesional de los hombres, del mercado de trabajo, de la economía y de las sociedades en general.

A pesar de las dificultades y de las diferentes discriminaciones que sufren las mujeres en los países occidentales, incluyendo también a España, las mujeres se forman más que los hombres, estando más representadas que ellos en casi todas las carreras universitarias.

Con la incorporación de la mujer al mercado laboral, los equipos de trabajo son más diversos y, por tanto, más creativos y abiertos al cambio. La diversidad hace referencia al género, raza, opinión, procedencia, cultura o edad, entre otras cuestiones.

Para ello, nos seguiremos basando en el caso de Alba, una graduada en Relaciones Laborales y Recursos Humanos que, tras la demanda recibida por una federación de asociaciones y organizaciones que trabaja por la inserción sociolaboral de la mujer, decide preparar un manual sobre el trabajo y el empleo desde una perspectiva de género.

Después de analizar las necesidades y demandas laborales de las mujeres, ahora Alba se centrará fundamentalmente en dos aspectos: el papel de la acción sindical en la promoción de la igualdad de oportunidades y de trato entre hombres y mujeres y la contribución de las mujeres al desarrollo del mundo laboral y de las relaciones laborales.

2. La acción sindical y la igualdad de oportunidades

 HILO CONDUCTOR

Llegados a este punto, Alba analizará el papel de los sindicatos, en el marco de la negociación colectiva y de las relaciones laborales, para luego reflexionar sobre su papel clave en los procesos de promoción de la igualdad de oportunidades y de trato entre hombres y mujeres y en la prevención de la violencia que sufren las mujeres.

Antes de hablar de la acción sindical, es importante conocer cuáles son los agentes sociales en el contexto del mercado de trabajo y de las relaciones laborales.

Los agentes sociales son aquellas organizaciones empresariales o patronales y organizaciones sindicales que representan a las empresas y a las personas trabajadoras respectivamente para defender sus derechos.

 DEFINICIÓN

Agentes sociales
Organizaciones ajenas a la Administración pública que participan en la política social y económica. Algunos ejemplos son sindicatos, fundaciones, oenegés y organizaciones empresariales.

Los agentes sociales, sindicatos y organizaciones empresariales, junto al Gobierno del Estado, negocian todas aquellas cuestiones relacionadas con:

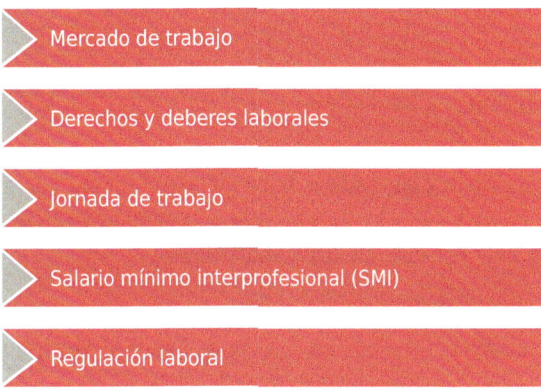

Mercado de trabajo

Derechos y deberes laborales

Jornada de trabajo

Salario mínimo interprofesional (SMI)

Regulación laboral

Los principales agentes sociales en España, en el contexto del mercado de trabajo, son los siguientes:

- **CEOE (Confederación Española de Organizaciones Empresariales):** es la mayor organización empresarial y patronal en España. Defiende los intereses de las empresas, tratando de influir en aquellas políticas llevadas a cabo por el Gobierno y que impacto tienen en el ámbito empresarial.
- **UGT (Unión General de Trabajadores y Trabajadoras):** es uno de los sindicatos mayoritarios en España. Representa y defiende los derechos de las personas trabajadoras, reivindicando una regulación laboral más potenciadora de la calidad de vida. Defiende a las personas trabajadoras con carácter integral y no a un colectivo concreto.
- **CC. OO. (Confederación Sindical de Comisiones Obreras):** es el sindicato con mayor número de personas afiliadas en España. Al igual que UGT, representa a las personas trabajadoras y defiende sus derechos.

Los agentes sociales se encargan de la negociación colectiva, desarrollando los convenios un amplio y completo papel, tanto en la regulación de las condiciones de trabajo como en el desarrollo de la productividad y gestión de las empresas, así como en todos aquellos elementos relacionados con la igualdad de género (políticas de conciliación, planes de igualdad, protocolos relacionados con el acoso sexual, etc.).

Los agentes sociales, en los que se ubican los sindicatos y sus procesos de intervención, a través de la acción sindical, deben aportar información y concienciar, tanto a empresarios y empresarias como a personas trabajadoras, en materia de sensibilización de igualdad de oportunidades y de trato entre hombres y mujeres.

 **DEFINICIÓN**

Convenio colectivo

Regula las condiciones laborales de un determinado sector o empresa en el marco de la negociación colectiva, entre sindicatos y organizaciones empresariales, según el Estatuto de los Trabajadores.

Regula entre otras cuestiones: salarios, jornada, permisos de conciliación, vacaciones, medidas relacionadas con la igualdad de oportunidades, etc.

La negociación colectiva es primordial y la mayoría de las personas trabajadoras del sector privado en España ven reguladas sus condiciones laborales y salariales a través de esta.

Las tareas principales de los sindicatos, a rasgos generales, son:

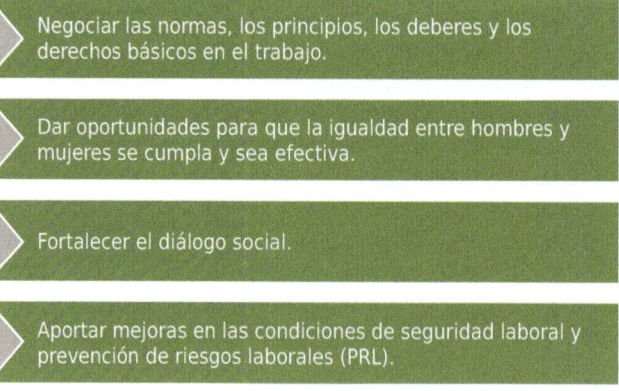

Negociar las normas, los principios, los deberes y los derechos básicos en el trabajo.

Dar oportunidades para que la igualdad entre hombres y mujeres se cumpla y sea efectiva.

Fortalecer el diálogo social.

Aportar mejoras en las condiciones de seguridad laboral y prevención de riesgos laborales (PRL).

La acción sindical es y ha sido clave en los procesos de promoción de la igualdad de oportunidades y de trato entre hombres y mujeres y en la lucha contra las diferentes formas de violencia.

De forma más concreta, la intervención de los sindicatos, es decir, la acción sindical en torno a la promoción de la igualdad de oportunidades y de trato entre hombres y mujeres y la prevención de la violencia, se puede resumir en las siguientes acciones o tareas:

○ **Difusión e información sobre:**

- Derechos y deberes laborales.
- Asesoramiento en el marco del Estatuto de los Trabajadores o el convenio colectivo de aplicación.
- Los permisos de conciliación de la vida personal, laboral y familiar.
- Noticias o hitos importantes sobre las relaciones laborales (ejemplos: subida del salario mínimo interprofesional, nuevos permisos para las mujeres víctimas de violencia de género, cambios en las modalidades de contratación, etc.).

○ **Campañas de sensibilización:** los sindicatos pueden diseñar y difundir campañas concretas sobre:

- Igualdad de oportunidades y de trato entre hombres y mujeres.
- Políticas de conciliación de la vida personal, laboral y familiar.
- Igualdad retributiva.
- Planes de igualdad en las empresas.
- Protocolos para intervenir en contra del acoso por razón de sexo.
- Protocolos para intervenir en contra del acoso sexual.
- Protocolos para intervenir en contra del acoso laboral.
- Prevención de la violencia de género u otro tipo de violencias.

Por ejemplo, el sindicato UGT se unió a la campaña de la CSI contra la violencia de género en el mundo del trabajo.

⮞ **Planes de igualdad:** los planes de igualdad en las empresas son un conjunto de medidas e intervenciones, adoptadas tras realizar un diagnóstico y un análisis de la situación sobre igualdad, en el contexto de las empresas y otras organizaciones, cuyo objetivo principal es conseguir en la empresa la igualdad de trato y de oportunidades entre hombres y mujeres y eliminar la discriminación por razón de sexo. Son una herramienta clave en favor de la igualdad y deben negociarse entre las empresas y los sindicatos y/o representantes de las personas trabajadoras. El papel de los sindicatos en los planes de igualdad es clave, tanto en la conformación de las mesas de negociación como el proceso de aprobación y registro del plan, así como la comisión de seguimiento.

⮞ **Diálogo social:** el diálogo social es un mecanismo institucional que sirve para negociar y llegar a acuerdos sobre políticas laborales, sociales y económicas entre el Gobierno, las personas trabajadoras y las empresas. En estas políticas, también se encuentran las políticas de género, como, por ejemplo, protocolos de intervención ante casos de acoso por razón de sexo o desarrollo y elaboración de planes de igualdad.

⮞ **Formación:** los sindicatos también ofrecen acciones y formaciones diversas relacionadas con la igualdad de oportunidades en el ámbito del empleo y las relaciones laborales. Por ejemplo, una acción formativa de UGT relacionada con la igualdad de oportunidades entre hombres y mujeres: *Sensibilización y Formación en Igualdad de Género (30 h)*.

 **RECUERDA**

Las fases de los planes de igualdad son:

- 1.ª fase: puesta en marcha del proceso de elaboración y diseño del plan de igualdad.
- 2.ª fase: realización y elaboración del diagnóstico.
- 3.ª fase: diseño, aprobación y registro del plan de igualdad.
- 4.ª fase: implantación y seguimiento del plan de igualdad.
- 5.ª fase: evaluación del plan de igualdad.

Una vez que hemos reflexionado sobre el papel de la acción sindical en la promoción de la igualdad de oportunidades entre hombres y mujeres, también es importante analizar el papel de las mujeres en las organizaciones sindicales.

Las diferentes investigaciones con perspectiva de género han concluido un marcado sesgo masculino en la historia, lo que ha provocado que la participación de las mujeres en el sindicalismo haya sido ignorada y no valorada a pesar de que las mujeres desarrollaron trabajo sindical desde los inicios del movimiento obrero en el siglo XIX.

La representación femenina en los sindicatos también ha sufrido la persistencia de un techo de cristal. La OIT (Organización Internacional del Trabajo) y las confederaciones sindicales han indicado que existe una desproporción entre el número de mujeres afiliadas y de mujeres dirigentes sindicales en puestos de decisión.

RECUERDA

El "techo de cristal" o el "suelo pegajoso" hacen referencia a la dificultad que presentan las mujeres para acceder a puestos de mayor responsabilidad. La causa principal está relacionada con las responsabilidades en el ámbito familiar y doméstico, además de la maternidad.

Se observa también una brecha en el ámbito sindical y esto se debe a la masculinización de los espacios de representación y a los estereotipos de género que no aceptan a las mujeres como dirigentes sindicales.

Como en otros ámbitos, la mujer se encuentra con barreras para alcanzar áreas estratégicas de los sindicatos. Esto incluye avanzar en la pirámide directiva, pues, una vez que consigue un puesto ejecutivo, se encuentra con que este se considera "feminizado", como, por ejemplo, las secretarías o los puestos de asistencia social.

Existe escasa representación de mujeres en los puestos más altos de dirección sindical, tanto en los de presidencia, como de secretaría y en los diferentes comités ejecutivos.

 **TAREA 4**

Susana trabaja, desde hace varios años, en un sindicato muy representativo en el sector de los servicios sociales, gestionando diversos temas, pero especialmente aquellos relacionados con la promoción de la igualdad de oportunidades y de trato entre hombres y mujeres y la prevención de la violencia.

A su equipo, se acaba de incorporar Raquel y debe acompañarla en su proceso de adaptación al puesto de trabajo y sus funciones. ¿Cuáles son las tareas principales, en materia de promoción sobre género e igualdad de oportunidades y de trato entre hombres y mujeres que se deben llevar a cabo desde un sindicato como agente social clave en la negociación y gestión de las relaciones laborales?

3. Importancia y valor de la contribución de las mujeres al desarrollo del mundo laboral

☞ **HILO CONDUCTOR**

Una vez que se ha reflexionado sobre el papel de la acción sindical en los procesos de promoción de la igualdad de género, Alba hará un análisis y reflexión sobre el valor de la contribución de las mujeres al desarrollo del mundo laboral desde diferentes ópticas.

La contribución de las mujeres al desarrollo del mundo laboral es fundamental. Suponen **más del 50 % de la población mundial.** No estamos hablando de un colectivo minoritario: son el 51 % de la población en España.

SABÍAS QUE...

Según datos del INE, en España viven:

- 49.442.844 personas
- 25.167.980 mujeres
- 24.274.864 hombres

La contribución de las mujeres al desarrollo del mercado de trabajo es importante por diversas razones:

⊃ **Crecimiento económico:** la incorporación de las mujeres al mercado de trabajo ha contribuido enormemente al crecimiento de las diferentes economías. Según la OCDE, el aumento de la participación de las mujeres en la fuerza de trabajo produce un crecimiento económico mucho más rápido. La incorporación masiva de las mujeres mejora notablemente los beneficios del producto interior bruto (PIB).
Según diferentes estudios del Banco Mundial y la OCDE, la igualdad de oportunidades entre hombres y mujeres en el empleo podría aumentar el PIB global en trillones de dólares, aprovechando todo el talento disponible.

⊃ **Bienestar:** la incorporación de la mujer al mercado de trabajo ha mejorado el crecimiento económico de los países y, por tanto, las cuotas de bienestar. Si el Estado cuenta con más ingresos, puede hacer frente a más gastos e inversiones, pensiones y prestaciones, entre otros.

⊃ **Doble jornada:** las mujeres históricamente se han encargado del trabajo reproductivo y los hombres del trabajo productivo. El trabajo productivo hace referencia a aquellas actividades que llevan a cabo las mujeres y los hombres en el contexto público, fuera del hogar, con el objetivo de producir bienes y servicios, que, por tanto, generan ingresos y reconocimiento social, mientras que el trabajo reproductivo hace referencia a aquellas actividades de reproducción social que aseguran el bienestar de la familia y también su supervivencia (maternidad, crianza, cuidado, atención a personas en situación de dependencia, etc.).
Según esta perspectiva, a los hombres se les ha asignado el espacio público, es decir, el trabajo productivo, y a las mujeres el espacio privado, el trabajo reproductivo. Esta asignación una construcción integrada totalmente en la sociedad, según los roles y estereotipos de género. El espacio femenino ha sido establecido en el interior del hogar, en el espacio doméstico. A la mujer se le han impuesto, de forma perpetua, los trabajos de crianza y de cuidado (parejas, hijos, hijas u otros familiares). Los horarios

de las mujeres se han vuelto circulares, las actividades nunca se terminan, el tiempo en el mercado laboral, fuera del hogar, está seguido del tiempo que tienen que dedicar al trabajo reproductivo en la conocida como "doble agenda o doble jornada". Este sobreesfuerzo de las mujeres ha permitido el desarrollo profesional de los hombres, del mercado de trabajo, de la economía y de las sociedades, en general.

⮑ **Cualificación y formación:** a pesar de las dificultades y de las diferentes discriminaciones que sufren las mujeres en los países occidentales, incluyendo también a España, las mujeres se forman más que los hombres, estando más representadas que ellos en casi todas las carreras universitarias.

Las mujeres están más representadas que los hombres en casi todos los ámbitos de estudio, pero destacan especialmente en algunos, como, por ejemplo, la educación o los servicios sociales.

⮑ **Inclusión social:** la inclusión laboral de las mujeres ha permitido mejorar sus procesos de inclusión social. El trabajo es la vía más efectiva para conseguir la inclusión en todos los aspectos (social, físico, emocional, cultural, etc.).

⮑ **Conciliación:** la incorporación de la mujer al mercado de trabajo ha permitido poner en la agenda política la importancia de las políticas de conciliación de la vida personal, laboral y familiar, políticas que han mejorado la vida de mujeres y hombres y, por tanto, de toda la comunidad. Algunas de las políticas de conciliación de la vida personal, laboral y familiar más significativas son:

⥁ Permiso de nacimiento (igual para hombres y mujeres).
⥁ Lactancia acumulada (igual para hombres y mujeres).
⥁ Reducción de jornada para el cuidado de hijos e hijas menores de 12 años.
⥁ Excedencias para cuidado de hijos, hijas o familiares con algún tipo de discapacidad o dependencia.
⥁ Ampliación del permiso de hospitalización.

- **Libertad personal:** la incorporación de la mujer al mercado de trabajo ha permitido mejorar y potenciar los procesos de libertad, autonomía y toma de decisiones de las mujeres.
- **Diversidad y transformación social:** con la incorporación de la mujer al mercado de trabajo, los equipos de trabajo son más diversos y, por tanto, más creativos y abiertos al cambio. La diversidad hace referencia al género, raza, opinión, procedencia, cultura o edad, entre otras cuestiones. Esta incorporación también ha impulsado importantes cambios en otros ámbitos: educación, derechos sociales, empleo, salud u ocio. Por otro lado, las mujeres aportan estilos de liderazgo más inclusivos, diversos y colaborativos, asociándose al compromiso y la sostenibilidad

 VÍDEO

En el siguiente vídeo, puedes reflexionar sobre cómo ha cambiado el papel de las mujeres en el desarrollo del mercado de trabajo. En la actualidad, por ejemplo, en Andalucía, el trabajo de las mujeres supone el 40 % del PIB. Accede desde aquí para verlo.

https://redirectoronline.com/1403010301

En definitiva, el papel de la mujer dentro del ámbito laboral contribuye a un importante empoderamiento económico. Cuando el número de mujeres ocupadas laboralmente aumenta, la economía del país crece.

El aumento de la educación de las mujeres y niñas produce un mayor crecimiento económico. Se estima que, a nivel mundial, las mujeres podrían aumentar sus ingresos hasta en un 76 % si se superara la brecha en la participación en el empleo y la brecha salarial entre mujeres y hombres.

‹‹ *Viene de página anterior*

 **TAREA 5**

Ana está estudiando Sociología en la Universidad de Sevilla y se ha inscrito a unas jornadas nacionales sobre el análisis del mercado de trabajo desde una perspectiva de género. Ana va a presentar una comunicación a las jornadas y ha elegido como tema la contribución de las mujeres al desarrollo del mundo laboral. ¿Qué aspectos o hitos, con respecto a este tema, debe incorporar Ana en su comunicación para presentar en las jornadas?

---

4. Resumen

Los agentes sociales en España son los sindicatos, representantes de las personas trabajadoras, y las organizaciones empresariales o patronales, representantes de las empresas. Estos agentes, en el marco de la negociación colectiva, se encargan de dinamizar las relaciones laborales y la regulación del mercado de trabajo. UGT y CC. OO. son las principales organizaciones sindicales, y la CEOE la principal organización empresarial.

Por tanto, la acción sindical se centra, a rasgos generales, en las siguientes cuestiones:

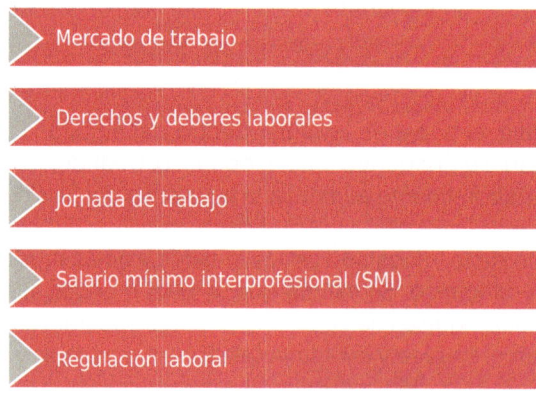

Mercado de trabajo

Derechos y deberes laborales

Jornada de trabajo

Salario mínimo interprofesional (SMI)

Regulación laboral

Si nos centramos en el papel de los sindicatos en la promoción de la igualdad de oportunidades y de trato entre hombres y mujeres y la prevención de la violencia, las tareas principales de la acción sindical son:

| Difusión e información | Campañas de sensibilización | Planes de igualdad | Diálogo social | Formación |

La contribución de las mujeres al desarrollo del mercado de trabajo y de las relaciones laborales es fundamental, favoreciendo, sin duda, el crecimiento económico y el desarrollo de todas las sociedades. Esta contribución se puede resumir en los siguientes hitos:

- Crecimiento económico y bienestar
- Doble jornada
- Cualificación y formación
- Inclusión social
- Conciliación
- Libertad personal
- Diversidad y transformación social

Ejercicios de autoevaluación
Unidad de Aprendizaje 3

1. Determina si la siguiente afirmación es verdadera o falsa: "Los agentes sociales son aquellas organizaciones empresariales o patronales y organizaciones sindicales que representan a las empresas y a las personas trabajadoras respectivamente para defender sus derechos".

   ■ Verdadero
   ■ Falso

2. Determina si la siguiente afirmación es verdadera o falsa: "Las principales organizaciones sindicales en España son UGT y USO".

   ■ Verdadero
   ■ Falso

3. Indica cuáles son las opciones correctas. ¿Cuáles son las tareas principales de los sindicatos?

   a. Fortalecer el diálogo social.
   b. Negociar las normas, los principios, los deberes y los derechos básicos en el trabajo.
   c. Representar a las empresas de inserción.
   d. Aportar mejoras en las condiciones de seguridad laboral y prevención de riesgos laborales.

4. Indica cuáles son las opciones correctas. Los sindicatos pueden diseñar y difundir campañas concretas sobre...

   a. ... igualdad de oportunidades y de trato entre hombres y mujeres.
   b. ... igualdad formal.
   c. ... planes de contabilidad desde una perspectiva de género.
   d. ... planes de igualdad.

5. Indica cuáles son las opciones correctas. ¿Quiénes negocian los planes de igualdad en el contexto empresarial?

    a. Las empresas
    b. El Gobierno
    c. El REGCON
    d. La representación de las personas trabajadoras

6. Determina si la siguiente afirmación es verdadera o falsa: "En España, los hombres se forman más que las mujeres, estando más representados que las mujeres en casi todas las carreras universitarias".

    ■ Verdadero
    ■ Falso

7. ¿Qué porcentaje representan las mujeres en la población española total?

    a. 45 %
    b. 50 %
    c. 51 %
    d. 66 %

8. Determina si la siguiente afirmación es verdadera o falsa: "Según diferentes estudios del Banco Mundial y la OCDE, la igualdad de oportunidades entre hombres y mujeres en el empleo podría aumentar el PIB global en trillones de dólares, aprovechando todo el talento disponible".

    ■ Verdadero
    ■ Falso

9. Indica cuáles son las opciones correctas. ¿En qué espacios han estado representadas las mujeres históricamente?

    a. Espacio público
    b. Espacio privado
    c. Espacio doméstico
    d. Espacio productivo

10. **¿Cómo suele ser el estilo de liderazgo de las mujeres?**

    a. Autocrático
    b. Colaborativo
    c. Autoritario
    d. Compasivo

Glosario

Competencia profesional

Conjunto de conocimientos, capacidades y actitudes que permiten el ejercicio de la actividad profesional conforme a las exigencias del mercado de trabajo y del sistema productivo. Los conocimientos están relacionados con el saber, las capacidades o habilidades con el saber hacer y las actitudes con el saber ser, saber estar y querer hacer.

Contrato de trabajo

Acuerdo legal, normalmente por escrito, entre un agente empleador y una persona trabajadora, para la prestación de servicios de la persona trabajadora, bajo la dirección y dependencia del agente empleador, a cambio de una remuneración. El contrato de trabajo debe ser acorde a la ley.

Corresponsabilidad

Responsabilidad compartida de una situación determinada entre dos o más personas. Al repartir de forma equitativa, las personas corresponsables tienen los mismos derechos y deberes.

Diagnóstico

Proceso de reconocimiento, análisis y evaluación de una cuestión o situación para determinar sus tendencias, solucionar un problema o remediar algo que no está bien.

División sexual del trabajo

Hace referencia a la manera en que cada sociedad organiza la distribución del trabajo entre los hombres y las mujeres, según los roles de género establecidos que se consideran apropiados para cada sexo.

Doble jornada

Hace referencia a la suma de cargas vinculadas al empleo, la familia, los cuidados y el hogar. Esta doble jornada genera situaciones de desigualdad y carga, mental y emocional, para las mujeres.

Empleabilidad

Es la capacidad que tiene una persona para incorporarse al mercado de trabajo y mantenerse en este con cierto éxito. La empleabilidad se ve influenciada por factores internos (la formación o la actitud) y por factores externos (la edad o la tasa de desempleo).

Estereotipos de género

Características, rasgos y cualidades que la sociedad asigna a cada sexo. Hace referencia a lo que la sociedad espera de los hombres y de las mujeres, por el simple hecho de serlo.

Género

Construcción sociocultural que define las diferentes características que deben de tener las mujeres y los hombres. Es un concepto aprendido por las personas en un contexto concreto.

Infrarrepresentación

Hace referencia al número de personas que no llegan a ser la proporción correspondiente de su grupo con respecto al total de personas que son representadas.

Negociación

Proceso de diálogo entre dos o más personas o partes entre las cuales se ha suscitado un conflicto, por lo general motivado a que las partes involucradas tienen algunos intereses en común y otros opuestos, con el fin de llegar a un acuerdo satisfactorio para ambas partes.

Orientación laboral

Proceso sistemático, estructurado y organizado, de ayuda y acompañamiento en el desarrollo de competencias personales, sociales y laborales para la búsqueda de empleo, la mejora de la empleabilidad y la inclusión en el mercado de trabajo.

Perspectiva de género

Mirada reflexiva con la que analizar y comprender las características que definen las relaciones entre sexos, las diferencias que hay entre mujeres y hombres en el acceso a los derechos y las situaciones de desigualdad que se producen en los diferentes ámbitos.

Retribución

Cantidad de dinero u otro elemento que se da a una persona como pago por un trabajo o servicio.

Salario mínimo interprofesional

Es la cantidad mínima que recibirá una persona trabajadora, referida a un contrato y jornada legal de trabajo, en España. Se regula a través del Gobierno, previa consulta con las asociaciones empresariales y los sindicatos más representativos.

Segregación horizontal

Alta concentración de las mujeres en puestos de trabajo, típicamente feminizados, que suelen tener más altas tasas de paro, menor remuneración económica y escaso prestigio social.

Sexo

Se refiere a las características biológicas y fisiológicas que definen a hombres y mujeres. Es un concepto que viene determinado por la naturaleza.

Sindicato

Asociación de personas trabajadoras cuyo propósito es defender los derechos laborales del sector que representan y promover iniciativas, proyectos y leyes de su interés. Se constituyen libremente.

Techo de cristal

Hace referencia al bajo nivel de representación que tienen las mujeres en los puestos de responsabilidad en las empresas y en la vida civil. Es una barrera invisible, que dificulta y limita el acceso de las mujeres a los altos puestos de poder (de las organizaciones, la política y las empresas) a pesar de tener la misma cualificación y méritos que sus compañeros varones.

Teletrabajo

Trabajo que se realiza desde un lugar fuera de la empresa o centro de trabajo, utilizando las redes de telecomunicación para cumplir con las cargas laborales asignadas.

Trabajo

Acción y efecto de trabajar. Ocupación retribuida. Cosa que es resultado de la actividad humana. Esfuerzo humano aplicado a la producción de riqueza, en contraposición a capital.

Trabajo reproductivo

Son aquellas actividades destinadas al cuidado del hogar, las personas que conviven con él, la maternidad y la familia en el sentido más amplio. Históricamente, este trabajo se ha asociado a las mujeres, generando sesgos de género, prejuicios, estereotipos y situaciones de discriminación en todos los ámbitos.

Violencia de género

Hace referencia a la violencia que afecta a las mujeres por el mero hecho de serlo. Constituye un atentado contra la integridad, la dignidad y la libertad de las mujeres, independientemente del ámbito en el que se produzca.

Bibliografía

Monografías

→ ARGÜELLES Blanco, A. R.: Conciliación y corresponsabilidad en los cuidados: Líneas evolutivas y retos para los derechos laborales. En C. Martínez Moreno (Dir.), *El derecho del trabajo que viene. Reflexiones sobre la reforma laboral que necesitamos.* A Coruña: Colex, 2023.

> Artículo que analiza la evolución de los derechos laborales relacionados con la conciliación de la vida personal, laboral y familiar, además de los cuidados en España, destacando el paso de un modelo tradicionalmente femenino hacia uno más basado en la corresponsabilidad. Analiza los avances normativos, la influencia europea y los retos actuales, como el envejecimiento poblacional y la necesidad de reforzar servicios públicos y políticas de igualdad.

→ BASTIDA, M., & Vázquez, M. A.: *La aportación de las mujeres a la economía en España.* Barcelona: PIMEC, Dona i Empresa, 2023.

> Artículo que reflexiona sobre la contribución de las mujeres a la economía española, evidenciando que persisten desigualdades estructurales como la segregación sectorial y la invisibilización del trabajo no remunerado. El informe propone revisar los sistemas de cálculo y diseñar políticas que integren la perspectiva de género para lograr una igualdad real.

→ BERMÚDEZ Figueroa, E. & ROCA Martínez, B.: *Participación de mujeres en el movimiento sindical: Análisis desde la perspectiva de los recursos de poder.* Barcelona: Piedra Papel Libros, 2021.

> Manual que analiza cómo las mujeres participan en las organizaciones sindicales, considerados espacios históricamente dominados por hombres, usando una perspectiva basada en recursos de poder. A través del libro, se identifican dos principales barreras: la dificultad para conciliar trabajo, familia y actividades sindicales, y la cultura masculina del sindicalismo. Por otro lado, también se describen cuatro estrategias diversas que las mujeres sindicalistas implementan para superar estas desigualdades.

→ DE LEÓN Rodríguez, M. T.: *Análisis sobre el plan de igualdad en las empresas.* Santa Cruz de Tenerife: Repositorio Institucional de la Universidad de La Laguna, 2022.

> Libro que analiza el desarrollo e implementación de los planes de igualdad en las empresas, evaluando su impacto real en la promoción de la igualdad de oportunidades. Examina los elementos clave del diseño, los desafíos en su aplicación y propone mejoras para que estos planes sean más efectivos y sostenibles en el entorno laboral.

→ DELGADO Sánchez, L.: *Planes de igualdad. Problemática práctica* (Trabajo de Fin de Grado, Universidad del País Vasco/Euskal Herriko Unibertsitatea). Recolecta, Facultad de Economía y Empresa, 2022.

> Trabajo de fin de grado que examina los principales problemas prácticos que enfrentan las empresas al implementar los planes de igualdad. Analiza obstáculos comunes como la falta de un diagnóstico adecuado, la escasa participación de la plantilla y la dificultad para aplicar medidas efectivas, proponiendo soluciones para mejorar su eficacia y cumplimiento normativo.

→ MONGUÍ Monsalve, M., CÁCERES Arévalo, P. & EZQUIAGA Bravo, A.: *Libro Blanco sobre la situación de las mujeres inmigrantes en el sector del trabajo, del hogar y los cuidados en España.* Madrid: Dykinson, 2022.

> Libro que analiza la situación de las mujeres inmigrantes que trabajan en el sector del hogar y los cuidados en España, destacando las vulnerabilidades y la triple discriminación que sufren por género, clase y origen. Propone recomendaciones y políticas públicas para mejorar sus condiciones laborales, basadas en la participación directa de las trabajadoras y en un enfoque interseccional.

→ PERA, A. N.: *Aplicación de conceptos básicos de la teoría de género y del lenguaje no sexista. SSCE0212.* Antequera: IC Editorial, 2024.

> Manual especializado alineado con el certificado profesional SSCE0212 que ofrece herramientas para identificar estereotipos y discriminación por sexo, tanto en el lenguaje como en las imágenes, y para realizar diagnósticos de desigualdad. Además, enseña a fomentar la participación y el empoderamiento de las mujeres a través de intervenciones y buenas prácticas con perspectiva de género.

Textos electrónicos

→ Instituto de las Mujeres, de: <https://www.inmujeres.gob.es/>.

> Página web nacional del Instituto de las Mujeres en la que se puede encontrar información muy diversa relacionada con el ámbito de la igualdad en los distintos escenarios donde se puede aplicar.

→ Ministerio de Igualdad, de: <https://www.igualdad.gob.es/>.

> Página web del Ministerio de Igualdad integrada por enlaces a organismos relacionados con este ámbito, además de noticias, normativas e información institucional.

→ Planes de Igualdad, de: <https://www.igualdadenlaempresa.es/asesoramiento/pdi/home.htm>.

> Página web del Instituto de las Mujeres dedicada a incluir toda la información relacionada con la elaboración y puesta en marcha de los planes de igualdad, a través de sus cinco fases.

→ Ministerio de Trabajo y Economía Social, de: <https://www.mites.gob.es/>.

> Página web del Ministerio de Trabajo y Economía Social en la que se puede encontrar información sobre todos aquellos elementos y cuestiones relacionadas con el mercado de trabajo y las relaciones laborales.

Legislación

→ Ley Orgánica 3/2007, de 22 de marzo, para la igualdad efectiva de mujeres y hombres.

> Normativa que regula el derecho de igualdad de trato y de oportunidades entre mujeres y hombres, mediante la eliminación de la discriminación de la mujer en cualquiera de los ámbitos de la vida.

→ Ley Orgánica 1/2004, de 28 de diciembre, de medidas de protección integral contra la violencia de género.

> Normativa que establece un marco legal integral para prevenir, sancionar y erradicar la violencia ejercida sobre las mujeres por parte de sus parejas o exparejas, regulando mecanismos de protección inmediata.

→ Ley 3/2023, de 28 de febrero, de empleo.

> Normativa que establece el marco de ordenación de las políticas públicas de empleo y regula el Sistema Nacional de Empleo, incluyendo la transformación del SEPE en la Agencia Española de Empleo. Su objetivo es mejorar la empleabilidad, reducir el desempleo y garantizar servicios comunes en todo el territorio, mediante políticas activas y coordinación entre Administraciones.

→ Ley 39/1999, de 5 de noviembre, para promover la conciliación de la vida familiar y laboral de las personas trabajadoras.

> Normativa que regula medidas legales para favorecer la conciliación de la vida familiar y laboral de las personas trabajadoras, mediante permisos retribuidos, reducción de jornada y excedencias específicas.

→ Real Decreto Ley 6/2019, de 1 de marzo, de medidas urgentes para garantía de la igualdad de trato y de oportunidades entre mujeres y hombres en el empleo y la ocupación.

> Normativa que establece medidas urgentes para garantizar la igualdad de trato y oportunidades entre mujeres y hombres en el empleo.

→ Real Decreto Ley 32/2021, de 28 de diciembre, de medidas urgentes para la reforma laboral, la garantía de la estabilidad en el empleo y la transformación del mercado de trabajo.

> Normativa que introduce una reforma laboral orientada a reducir la temporalidad, generalizar el contrato indefinido y simplificar las modalidades de contratación.

→ Real Decreto 902/2020, de 13 de octubre, de igualdad retributiva entre mujeres y hombres.

> Normativa que desarrolla prácticas obligatorias para garantizar la igualdad retributiva entre mujeres y hombres, implementando el principio de transparencia salarial.

→ Real Decreto Legislativo 2/2015, de 23 de octubre, por el que se aprueba el texto refundido de la Ley del Estatuto de los Trabajadores.

> Normativa que regula derechos y obligaciones en el ámbito de las relaciones laborales, tanto para las personas trabajadoras como las organizaciones.